相談活動に生かせる
15の心理技法

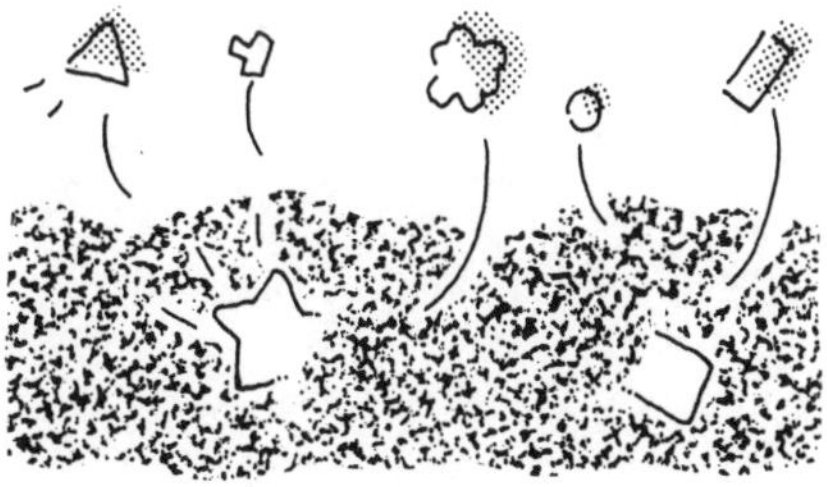

ほんの森出版

もくじ

相談活動に生かせる15の心理技法

もくじ

心理技法を学校教育相談にどう取り入れたらよいか

栗原　慎二
広島大学大学院教育学研究科教授

心理技法と学校教育相談

今から五〇年ほど前、日本の学校教育相談の草創期、従来の教育にはない新たな視点を提示した心理技法――当時はロジャーズの非指示的心理療法が中心――は、当時の教師にとって新たな教育の可能性を感じさせる魅力を持っていました。そのため学校もこれをかなり好意的に受け止めており、学校カウンセラーが校務分掌に位置づけられる学校もありました（文部省　一九七五）。この様子が一変するのが、一九七〇年代後半からの「校内暴力の時代」でした。学校にとっての至上命題は学校の秩序を維持することとなり、「管理教育」はこの時代の教育を象徴する言葉となりました。この時代、個別性の原理に立ち、受容と共感を重視する教育相談は、学校の秩序を乱す要因として否定的にとらえられ、あからさまに攻撃されることもありました。残念ながら教育相談はこうした状況に対処する方法論や理論を提言できず、試練の時代が長く続きました。

このような歴史は、心理技法が学校教育に貢献する側面と、場合によっては学校教育を阻害する側面の両面を持っていることを示唆しています。私たちはこのような歴史を踏まえ、心理技法を反省的に学校教育に取り込むという作業をする必要があるでしょう。

心理療法・心理技法とは何か

心理療法・心理技法とカウンセリングとは、どこが違うのでしょうか。

この両者は成立の過程や背景に大きな違いがあります。程度の違いはありますが、欧米ではカウンセリングと心理療法は「別のもの」として区別されており、大学の養成プログラムも別です。私はある米国のスクールカウンセラーに「なぜクリニカル・サイコロジスト（臨床心理士）が学校カウンセリングをやるんだ？　学校で治療をやるのか？」と聞かれたことがありますが、欧米における両者の関係を考えればそれもうなずける話です。ただ日本の心理療法・心理技法は、実質的にはカウンセリングの要素を相当に取り込んだものとなっていますし、臨床心理学もカウンセリング心理学の影響を強く受けています。そのため日本では、カウンセリングも心理療法も臨床心理学も、その境界は明確ではありません（下山　二〇〇一）。

このように区分が不明確な日本の現状ですが、本論では話をわかりやすくするために、仮に「心理療法は査定（アセスメント）と実際のかかわり（心理技法）によって構成される実践活動であり、その基盤となる理論体系が臨床心理学である」と規定しておきます。なお、渡辺（一九九六）は、心理療法とカウンセリングの違いを明確にする必要性に言及しています。筆者も同様の考えですが、本論に限っては、日本の実態を踏まえ、心理療法という言葉をカウンセリングをも事実上含んだ概念として使うこととします。その上で、心理療法・心理技法（カウンセリングを含む）を学校に取り入れる際の課題について考えてみましょう。

心理療法に内在する困難性

近藤（一九九五）は、通常の心理臨床モデルは、①問題発生後に、②個人を対象に、③心理臨床の専門家が、④非生活空間で、⑤治療的介入を行うことを前提としているが、学校カウンセリングにおいてはこの枠組みが通用せず、「これまでの心理臨床活動をおこなう際に依拠してきた基本的モデルそのものの変革を迫る重大な事態をはらんでいる」と述べています。つまり、心理療法・心理技法をそのまま学校に取り入れることには無理があるということです。この指摘について、少し詳しく考察してみましょう。

「場」の問題

まず第一に、「場」の問題があります。心理臨床活動は、日常の生活空間から切り離された場所で行われます。そのような空間であるからこそ、心理的にも解放され、日常の生活では表現できなかったものが表現できたり、日常を客観化することができたりするわけです。

対して学校は、子どもたちにとって「日常生活空間」そのものです。相談室を日常空間からできるだけ切り離すためには人目につかないところに設置すればいいのでしょうが、そうすれば相談室は「普通ではない人が行くところ」になるでしょう。また、心理臨床の場合は一定の時間がきちんと予約され、その時間内は一切の邪魔は入らないようにコントロールされます。しかし、学校においては、特に教師が行う場合には、それはとても難しいことです。

「人」の問題

次に「人」の問題です。心理臨床家は、原則的には、生身の、生活者としての自分を開示しません。それは「構造」を破ることであり、来談者の不利益に通じる可能性が高く、回避されるべきこととされます。心理臨床活動は、心理臨床家が「心理臨床家」として行う活動なのです。

ところが教師は、子どもたちと日常生活を共有する生活者であり、生身の自分をさらけ出さざるをえません。また、それが期待されたりもします。たとえば「在り方、生き方」の指導において問われるのは、何より教師がどのように生き、存在しているのかということです。また、教師は「カウンセラー役割」だけでなく、指導者、評価者といった役割も担っています。カウンセラー役割は、教師の役割の中でも最も基礎的で重要な役割であるとは思いますが、指導者、評価者という役割は、子どもたちを社会化するためにはきわめて重要な教師の役割なのです。

このように、教師と子どもの関係は、本質において実存的な性質を帯びています。また、本質的に多様な役割を担っている教師がカウンセラー役割に徹しようとすれば、アイデンティティ葛藤を引き起こすでしょう。教師がどれほどカウンセラー役割に徹したつもりでも、子どもから見ればやはり教師です。スクールカウンセラーなどの心理臨床家に対してとる態度や話題を教師に向けるはずがありません。それは力量や人間性の問題ではなく、役割の違いに基づいています。

「対象」の問題

第三に「対象」の問題です。心理臨床活動の対象は基本的に病人です。対して学校カウンセリングの対象は基本的に健康な子どもです。もちろん学校にも病的であったり境界線上の問題を抱えた子どももいますが、学校カウンセリングにおけるその子どもたちへのかかわりは、「治療」ではなく、「ニーズの見立て」と「専門機関等へのつなぎ」、そして「日常生活の支援」です。
また、心理療法・心理技法の対象が病人であるならば、その技法は基本的に治療技法ということになります。その治療技法を健康な子どもにそのまま適応できるはずはありません。

「構造の保持」の問題

今述べた、場所・時間・主体・対象などによって構成される面接の枠組みを、心理臨床では「構造」と言います。この構造を守ることは、来談者に変化を促進する安定した環境を提供することと同時に、来談者を守ることや、構造への来談者の反応を見ることで来談者の状態を把握（アセスメント）することにもつながります。したがって流派によって多少の違いはありますが、心理臨床家はこの構造を守ることを重視します。ただ、学校内で構造を保持しようとすることは、学校とは異質な空間を学校内につくろうとする営みですから、それは学校との不調和を生み出す可能性を秘めています。

心理療法・心理技法は役に立つのか

このように心理療法・心理技法は、学校とは「合わない性質」を帯びています。心理療法・心理技法を否定的にとらえる教師は、この「合わない部分」を強く意識しているのでしょう。しかし、それでも心理療法・心理技法は学校にとって有益だと私は思っています。なぜでしょうか。

「診断的理解」のために

当然のことですが、一つの指導方法があらゆる状況やあらゆる子どもに妥当することはありえません。的確な指導のためには、そのときどきの状況や子どもの実態を踏まえる必要があるからです。それはスポーツにせよ学習にせよ同じです。どのような分野においても、的確な指導のためには「的確で多面的な理解」が不可欠なのです。その理解のための手法として、教師にとって最も身近なのは「観察」です。この観察によって得られる情報は、いわば「素材」です。素材は何らかの枠組みに照らして解釈されることになりますが、その枠組みが「経験と勘」ならば、判断は「主観的理解」にとどまることになり、実践も試行錯誤の域を出ません。「あんなのはただの怠けだ」「きっと○○だと思う」といった職員室で交わされる会話はその典型です。

この主観的理解から脱皮するには、的確な観察や情報収集を可能にする「観点」——目の付けどころ——を持つことと、観察などによって得られた素材の的確な解釈を可能にするための「体系的知識や理論」が必要になります。心理療法・心理技法の背景理論である臨床心理学は、この的確な観点に基づく観察と、体系的知識や理論に基づく「診断的理解」を容易にします。これは心理療法・心理技法を教育に活用する大きなメリットです。

「共感的理解とかかわり」のために

「的確で多面的な理解」には、もう一つ必要なものがあります。それは、子どもの内的世界に対する「共感的理解」です。この共感的理解は、「共感」という情緒的つながりが前提となって初めて可能になります。したがってこの理解のためには、大前提として、子どもの立場に立って物事をとらえ考える、「子ども尊重の態度」が必要です。本気でかかわらない教師を、子どもは嗅覚で見抜くものだと私は思います。

その上で、子どもの心を感じ取る「感受性」と、「心にかかわる技法」が必要になります。つまり、「共感的理解」は「子ども尊重の態度」「感受性」「技法」があって初めて可能になると言えるでしょう。この共感的理解を深めるために、臨床心理学や心理技法が役立つことは言うまでもありません。

「かかわり」のために

ここまで述べたような「的確で多面的な理解」の上に立って行動変容に向けた「かかわり」を行うことになります。その際、心理技法が役に立つことは、やはり、言うまでもありません。

理解と方法の関係

話がやや逸れますが、現場にはいまだに生徒指導と教育相談を対立的にとらえる考え方があります。この両者を統合する視座を持たなければ、教育相談を学校に定着させることはできません。どうすればいいのでしょうか。私は、この問題を解決するには「理解と方法」という視点を導入することが有益だと考えています。

少々考えていただければわかると思いますが、「生徒指導と教育相談」という論議における「生徒指導」とは、実は「訓育的指導方法」という程度の意味でしかありません。同様に「教育相談」とは「受容共感的支援方法」という程度の意味です。つまり、生徒指導と教育相談をめぐる論議は、子どもへのかかわりはどのような「方法論」で行うべきかという論議なのです。だとすれば答えは明確です。子どもにかかわる「方法」は、主観的理解だけではなく、診断的理解や共感的理解を踏まえた「的確で多面的な理解」に基づいて選択されるべきだということです。そして、そのためには、今述べたように心理学や心理技法は大いに役に立ちます。以上のことが理解されたとき、生徒指導と教育相談の無意味な対立構造は解消するでしょうし、実際にそのような理解のための理論と技法を多くの教師が身につけたとき、真に豊かな生徒指導が可能になると言えるでしょう。

心理療法・心理技法の活用——反省的受容

心理療法・心理技法を取り込む

心理療法・心理技法が役に立つといっても、それは「心理療法そのもの」を学校教育に取り入れることを意味しません。学校教育相談の歴史は、その危険性を教えています。心理療法・心理技法の取り込みは「反省的に」行われなければならないのです。

具体的な「取り込み方」については、各論文にゆだねますが、たとえば子どもの主体性の度合いを横軸にとって心理療法・心理技法と教育の関係を図示すると、次ページの図のような関係になるでしょう。心理療法・心理技法は教育の役には立ちますが、教育全体と整合性があるわけではなく、適用できる範囲は限られるのです。したがって、そのまま取り入れることはできず、「学校臨床モデル」と言えるものへと再構成する必要があるのです。

図　心理療法・心理技法と教育の性質（試案）

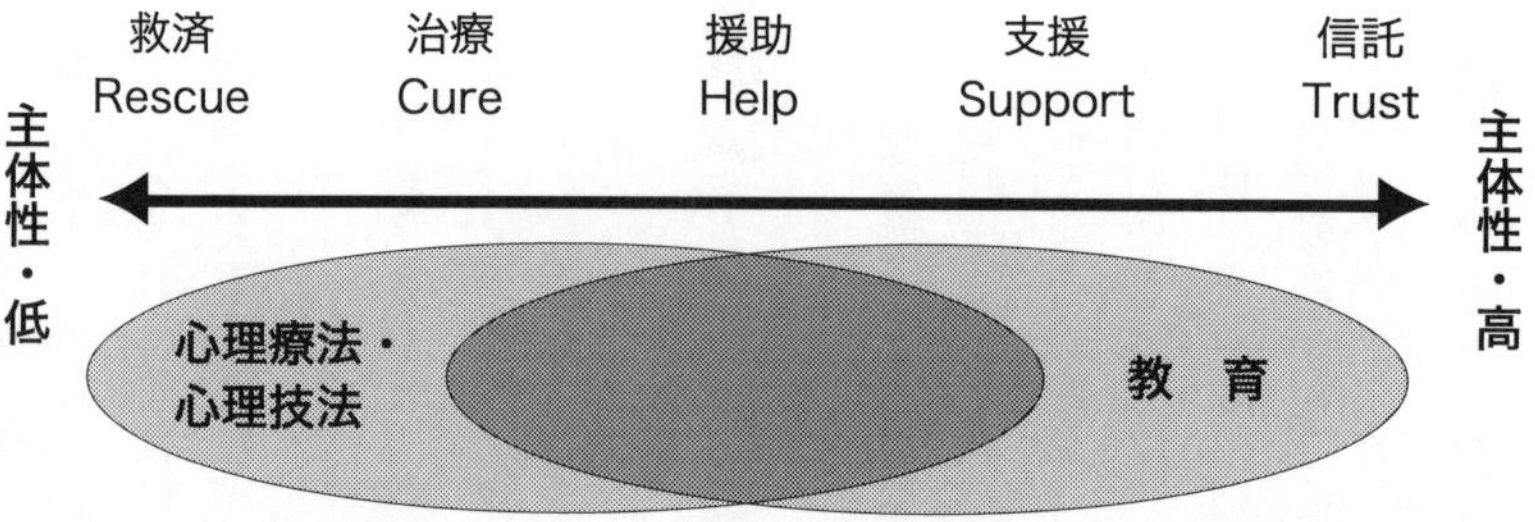

学校臨床モデルの創造と教師の役割

ところで、教師のための「学校臨床モデル」は誰がつくるのでしょうか。心理臨床家でしょうか。大学の教官でしょうか。

スクールカウンセラーのためのモデルであれば彼らがつくるでしょう。しかし、教師のためのモデルとなると、主体は彼らではありません。なぜなら学校教育相談は教師による実践活動だからです。もちろん、そうした専門家との協力は必要でしょう。でも学校臨床モデルは、実践家である教師が実践家としての誇りをもってつくる以外にありません。

そのためには、ある時期しっかりと学ぶことは必要です。その過程では、自分の教育実践や教師アイデンティティが根底から揺り動かされるかもしれません。そのとき、教師である私たちが、そのような揺らぎを自らの課題として受け止めて、もう一度自分が教育者であり、ゴールは治療ではなく教育であるということの意義と意味を熟考することが求められるのです。そして、この問いに対する自分なりの答えを見いだしたときに、借り物の心理療法・心理技法ではない、「学校臨床モデル」を創造し、それを「教育の道具」として使いこなす教師になれるのだと思います。

学校教育相談の発展

ここまで、学校教育は心理療法・心理技法から何が学べるかという視点から書いてきましたが、最後に、逆の視点から考えてみたいと思います。

近藤が指摘しているように、スクールカウンセラー制度が始まってから、心理療法・心理技法は、そのままでは学校では十分に機能しないことが徐々に明らかになり、自らのスタイルを柔軟に変更させる必要に迫られました。その中で、現在、たとえばコミュニティ心理学を取り込む動きや、守秘義務の在り方をめぐっての論議などが生じています。これは心理療法・心理技法の側の柔軟性と見ることができます。ただ、心理療法・心理技法が本当に学校教育の役に立つためには、学校からもっと学ぶ必要がありますし、学校側も、もっと主体性をもって具体的な問題点を明確にしていく必要があると思っています。

それは単に心理療法や心理技法、あるいはスクールカウンセラーを批判的にとらえるということではありません。課題を明らかにするということです。結局、一番大切なのは、「子どもたちのためになる」という、このことだけです。そのために学校は心理療法・心理技法から学ぶ必要があり、心理療法・心理技法も学校から学ぶ必要があるということです。そうすることが、相互に高め合い、新しい時代の、もっと豊かな学校教育相談を創造することにつながると思うのです。

＜引用・参考文献＞

・近藤邦夫　一九九五「スクールカウンセラーと学校臨床心理学」村山正治・山本和郎編『スクールカウンセラー――その理論と展望』ミネルヴァ書房　一二～二六ページ

・栗原慎二　二〇〇二『新しい学校教育相談の在り方と進め方――教育相談係の役割と活動』ほんの森出版

・下山晴彦　二〇〇一「日本の臨床心理学の課題」下山晴彦・丹野義彦編『講座臨床心理学――臨床心理学とは何か』東京大学出版会　一二一～一三四ページ

・文部省　一九七五『生徒指導の推進体制に関する諸問題――高等学校編』大蔵省印刷局

・渡辺三枝子　一九九六『カウンセリング心理学』ナカニシヤ出版

1

構成的グループエンカウンター

岡田　弘
東京聖栄大学教授

構成的グループエンカウンターって、こんなものです

構成的グループエンカウンターの本質

構成的グループエンカウンター（以下エンカウンター）の提唱者は、國分康孝・國分久子両教授です。カウンセリング心理学を根底に、ゲシュタルト療法・自己理論・論理療法・プラグマティズム・実存主義的カウンセリングなどのカウンセリングの諸理論を折衷的に用いたものです。両教授は、エンカウンターの本質を次のように提示しています。

「エクササイズを介した自己開示、自己開示を介したリレーションづくり、リレーションづくりを介した自・他・人生一般の発見にある」と。（國分康孝他著『エンカウンターとは何か』図

書文化社）

これを学校現場に当てはめて解釈すると次のようになります。

① 人間関係が希薄になった児童生徒に、リレーション（人間関係）をつくることができる。
② 人間関係は、自己開示する（自己の感情・考え方を開く）方法でつくられる。
③ 教師が用意したエクササイズ（作業課題や討議等）を通して自己開示がなされる。
④ 教師は作業課題や討議に、時間や話題の枠を設けて、課題遂行や討議を行わせる。
⑤ 温かな人間関係の中で、自己理解・自己受容・他者理解・他者受容がなされる。
⑥ 温かな人間関係の中で、自己発見がなされ、自己変革が行われる。
⑦ 温かな人間関係の中で、行動変容がなされ、生きる力が培われる。

エンカウンターで教師が変わる

エンカウンターのリーダーを経験した教師は、子どもたちから生きる力をたくさんもらえるようになります。人と人として教師と子どもたちが相互に認め合い、お互いが自己を開きながら、自己発見・自己変革を行い、人間的成長をしていくのがエンカウンターです。

また、エンカウンターのリーダーは、参加者のモデルの対象となろうとします。積極的な自己開示をするようになります。自己開示を進めながら、自己を見つめ、他者の感情や行動に敏感に反応する教師になっていきます。エンカウンターは教育のあらゆる場面で展開できます。特別活動や授業や総合的な学習の時間や学校行事や保護者会といった、あらゆる場面で使えます。すなわち、エンカウンターを実施する教師は、学校のあらゆる場面で自己変革をする機会を持つことになります。

エンカウンターは、教員としての資質があれば誰にでもできるものです。エンカウンターのリーダーは、自分のできる範囲で、自分のできる限りのエンカウンターを展開すればよいのです。難しく考える必要はありません。エンカウンターを実施していると参加者の方からたくさんのことを学ぶことができます。そして、リーダー自身が自己変容を経験します。かけがえのない存在としての自己と、参加者一人ひとりの生き方、在り方を経験するはずです。

エンカウンターの基礎基本

自己開示ができる雰囲気がつくれているエンカウンターは、いいエンカウンターです。なぜならば、エンカウンターのねらい達成に必要なのが自己開示だからです。

自己開示ができる雰囲気がつくれるエンカウンターは、基礎基本を踏まえています。エンカウンターの基礎基本とは、すなわち、次の手順を踏まえていることです。

①　ねらいの明示
②　インストラクション（導入）の実施
③　デモンストレーション（お手本）の実施
④　エクササイズ（課題）の展開
⑤　シェアリング（分かち合い）の実施
⑥　フィードバック（定着）の実施

エンカウンターの実際

基礎基本を踏まえているエンカウンターを実施していると、次のようにことが展開されます。

リーダーの様子

・リーダーの導入が自己開示的になる
・自分のペースでエンカウンターを進めている
・「俺についてこい」というリーディングと、「さあどうぞ、ご自由に」というリーディングを使い分けている
・指示が簡単明瞭であり、要領を得ている
・その場に合った自己開示が的確になされている
・参加者一人ひとりに配慮している
・時間を守っている
・指示を途中で変更しない
・エクササイズ中のリーダーの立ち位置が一か所に固定していない
・実施場所の特徴を活用している
・照明や空調に適宜配慮している
・参加者の動きに敏感に反応している
・介入がおせっかいになっていない
・アレンジしたエクササイズを実施している
・代替えのエクササイズを用意している
・用具の点検を怠っていない
・参加者に対する事前の理解が行われている（発達障害の有無や身体的特徴等）
・エクササイズ実施のとき、インフォームド・コンセントをしている

・機に臨んで変化をためらっていない
・参加者のリーダーへのネガティブな反応を受け入れている
・エクササイズ終了後の充実感を感じている
・次のエクササイズのことが頭に浮かんでいる
・自分の体調に配慮している
・エクササイズがほぼ時間どおりに終わる

参加者の様子

・レディネスがある
・意識的に参加している
・ルールが守られている
・役割に徹している
・役割が自然にこなせている
・役割が細分化してくる
・乗れない自分が出せる
・グループがメンバーを支えている
・メンバー同士のかかわり発言が増える
・グループ内に自分の居場所がある
・分かち合いが無駄話になっていない
・分かち合いでネガティブな発言が出せる
・集団の規範ができている

・同じエクササイズを繰り返しても深まりがある

構成的グループエンカウンターの相談活動への生かし方

エンカウンターは、「児童生徒の人間関係づくりや適応を支援し、自己発見や成長を促す手法」でもあります。

このときの目標は、

① 自分で問題に対処し、予防する能力を身につけること
② かかわりの中で発揮される豊かな人間性を育むこと
③ 自分自身をよりよく成長させようとする健全な心身を育てることです。

これを踏まえて、具体的な活用例を示します。

四月のクラス開きで活用する

四月は、木々の芽吹きが若葉となるように、子どもたちにとっても先生方にとっても、内在する変化への期待が膨らむ月です。そこで、四月に行われるクラス開きで何を援助するかをクリアーにします。

たとえば、次のようなねらいを明確にして実施します。

① 出会いにおける仲間づくり
② 自尊感情を高める集団づくり

③　自己実現を援助する集団づくり

次に、これらのねらいを達成する手だてとして、

①　非言語を中心としたエンカウンターのエクササイズ（例：非言語による共同絵画制作）の実施

②　言語によるエンカウンターのエクササイズ（例：認知のギャップ）の実施

③　エゴグラムによる自己認識のエクササイズの実施

という具合です。

集団の中での、個の役割の確認に活用する

学校生活は集団の中で営まれます。集団は、役割の束です。集団が健全であるためには、成員である個の役割が明確になっている必要があります。そして集団の規範がはっきりとしていることが必要です。なぜならば、自分の所属する集団内での役割が明確になっているとき、成員である個が居場所を見いだすことができるからです。また、集団の規範が明確化されていない場合は、その集団は「烏合の衆」となってしまう恐れがあります。

四月のスタートの時期に、集団内での役割を明確にして、集団の規範をはっきりさせることは、子どもたちが所属する集団を準拠集団へと昇華させます。

前出のクラス開きの中で行われるエンカウンターに沿って言えば、次のようになります。すなわち、エンカウンターの中で、小集団をつくり、そこでの個々の役割を明確にします。そして、小集団での作業課題を遂行するために、集団の規範を明確に示します。このことによって、子どもたちは集団内での居場所をつくることができます。そして、集団が機能するための規範の大切

さを体験的に理解することとなります。

モデルの発見のために活用する

四月五月の新学期に、自分の学校生活のモデルとなる人物を見つけることができると、その子はよりどころを持つことになります。このことが、友達づくりへの援助ともなります。自分のモデルとなる人物を学年内や学年を越えて見つけるためには、子ども自身が自己開示的であることが望まれます。

子どもたちが自己開示的に振る舞えるためには、先生が普段の生活で自己開示的であることが大切です。日常のさまざまな場面で先生が自己開示的であると、子どもの自己開示のモデルとなるからです。

子どもたちが自己開示的に振る舞えるためには、自尊感情を高めておく必要があります。具体的なエクササイズとしては、「ほめあげ大会」や「Xからの手紙」や「認知のギャップ」といったものを実施することです。

子どもたちは、日常の先生の言動をよく見ています。たとえば、先生がしつけの徹底を図るために厳しい指導をすることがあります。こうしたときこそ、自己開示的にケアする必要があります。何気ない日常の自己開示的言葉かけが子どもの心に強く残ります。

また、先生が自分の守備範囲を普段の生活の中で示すことも大切だと思います。四月五月は、子どもたちはかなり無理をします。できないこともできるように振る舞ってしまうことがあります。先生が自分の力量でできることとできないことを子どもたちに示すことは、子どもたちのモデルとなります。子どもたちは、無理をしなくてもよい自分に気づくきっかけとなります。

友達づくりの方法を示すために活用する

「クラスメートとふれあいたいけれど、裏切りがこわい。みんなの前で恥をかかされるのがこわい」というのが生徒の本音のようです。したがって、四月五月に自分から積極的に友達づくりをしようとしません。じっと様子を見るようにしています。

そこで、友達づくりの方法を体験させるようにします。具体的には、非言語によるコミュニケーションの取り方や感情を言葉で相手に伝えるためのエクササイズとして、「拒否と受容のロールプレイ」や「背中合わせの会話」や「目は口ほどにものを言う」といったものを実施します。

構成的グループエンカウンターについて、さらに詳しく知るために

・E―net2000

どこで学べるのか・誰に聞けばよいのか、提唱者の國分康孝教授を会長に「実践するための相互援助」「発展を推進」をめざして結成。

連絡先：ホームページ http://www.toshobunka.co.jp/books/encounter/encounter1.htm

・國分ヒューマンネットワーク

研修会やワークショップや入門講座や新刊本の問い合わせなどに気軽に相談できるもの。連絡先：電話03―3943―2516（東・渡辺）

・NPO日本教育カウンセラー協会

教育カウンセラー標準テキスト初級編・中級編・上級編に、エンカウンターについての解説が

詳細に記されています。必読図書の一つです。また、全国の支部が実施する構成的グループエンカウンターの研修会についても調べることができます。
連絡先：〒112―0012　東京都文京区大塚1―4―5　NPO日本教育カウンセラー協会事務局　電話＆FAX03―3941―8049　eメール Jim@jeca.gr.jp　ホームページ http://www.jeca.gr.jp/

2

ピア・サポート

小川　康弘

福岡県立高校教諭

ピア・サポートって、こんなものです

「ピア（Peer）」とは「（地位の同等な）仲間」という意味であり、「サポート（Support）」は「支持する」とか「援助する」という意味です。ですから、単純に言葉だけで訳すると「ピア・サポートとは、仲間による支援」ということになります。

実際は、**ピア・サポートは仲間をサポートするために必要なトレーニングを受け**、そのスキル（技能）や他者を思いやることの大切さを学んだ子どもたちが、さまざまな**サポート活動を行う**ことで思いやりにあふれた学校環境を創造しようという教育活動です。別の表現をすると、ピア・サポートは学校内で子どもたち自身が行うボランティア活動であり、その活動のために必要なスキル・トレーニングや事前学習を計画的に受けた子どもたちがボランティア（ピア・サポーター）

となっていると考えることもできます。

ピア・サポートは三〇年ほど前にカナダで始まり、現在は世界中の多くの国で取り入れられています。カナダでピア・サポートを創設した一人であるトレバー・コール氏（Trevor Cole, Ph. D)は、次のように述べています。

・ピア・サポートは、子どもたちは悩みを抱えたり、困ったとき、自分の友人に相談することが多いという事実に基づいている。

・ピア・サポートは、**子どもたちが仲間を助ける人的資源となれるように支援する**ことである。彼らを支援することで、仲間をケアすることの模範を他の子どもたちに対して示すことにもなり、やがては、**思いやりあふれる学校環境を創り出す**ことにもつながる。

・ピア・サポートを行うには、**コミュニケーション・スキルに依る**ところが非常に大きい。

・ピア・サポートは、**子どもたちが他の人を思いやることを学ぶ**ための方法の一つである。

（平成一三年一一月五日、日本学校教育相談学会・福岡県支部研修会での講演内容から、太字は筆者）

具体的には、次のような活動の流れになります。図1は、それをまとめてみたものです。

① ピア・サポートの目的を示し、仲間を支援してくれる、したいと思う子どもたちを募集・決定します（ピア・サポーターの決定）。

② ピア・サポーターに応じてくれた子どもたちに、仲間を支援するために大切な「思いやりの心を育み」「適切なコミュニケーションがとれる」ように体験的な活動を中心としたトレーニングを行います。基本的で共通なトレーニングの内容としては、ピア・サポーターとしての仲間づくり、双方向のコミュニケーションの大切さの理解、聴き方（繰り返し、明確化、反射など）、質問の仕方、感情のコントロール、課題解決の方法などがあります。カナダでは、ピア・

サポーターには導入段階で宿泊を伴う集中的なトレーニングを行ったり、三〇～五〇時間のトレーニングが行われたりしています。

③　ピア・サポーターとなった子どもたちは、トレーニングを受けながら、自分たちができるサポート活動にはどのようなものがあるかを検討します。サポート活動には、それぞれのピア・サポーターが個人でできるものと、ピア・サポーターたちがチームを組んで行うものがあります。

　また、その実施方法や実施上の課題、その限界、そして評価方法などについて指導者と共に検討し確認します。

④　その結果、実際にサポート

図1　ピア・サポートの流れ

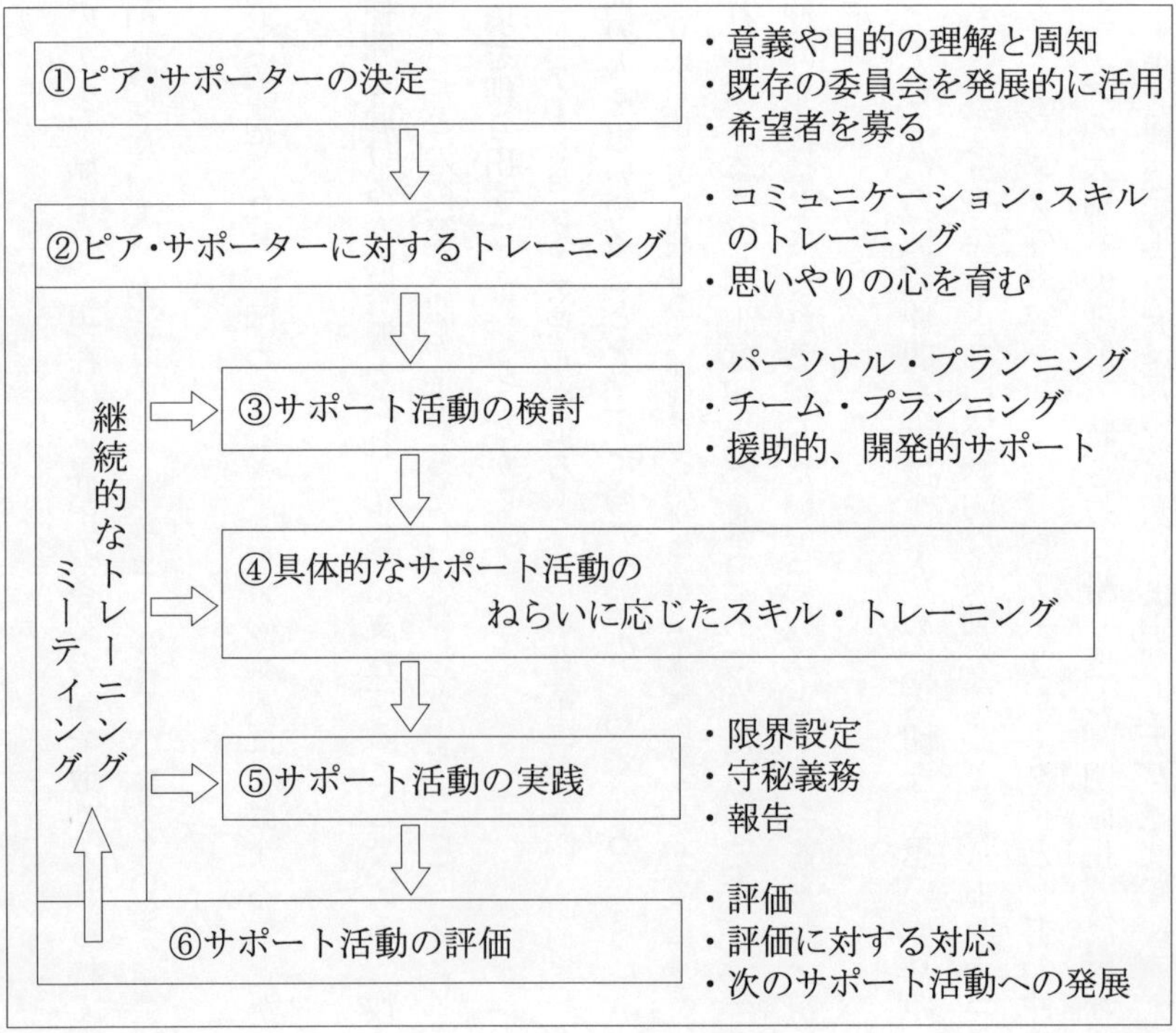
①ピア・サポーターの決定
・意義や目的の理解と周知
・既存の委員会を発展的に活用
・希望者を募る
②ピア・サポーターに対するトレーニング
・コミュニケーション・スキルのトレーニング
・思いやりの心を育む
③サポート活動の検討
・パーソナル・プランニング
・チーム・プランニング
・援助的、開発的サポート
④具体的なサポート活動のねらいに応じたスキル・トレーニング
⑤サポート活動の実践
・限界設定
・守秘義務
・報告
⑥サポート活動の評価
・評価
・評価に対する対応
・次のサポート活動への発展
継続的なトレーニングミーティング

活動をする上で、さらに必要なトレーニングや準備があれば、それについて学習します。たとえば、車いすが必要な仲間へのサポートであれば、車いすの操作や介助に関すること、障害を持つ仲間へのサポートであれば、その障害の理解に関することなどです。

⑤　計画に基づいてサポート活動を実践します。

⑥　サポート活動の評価を行います。

三〇年ほど前にカナダで始まったときは、「セルフヘルプ・ムーブメント」「ピア・チュータリング」などの言葉が使われ、その後、「ピア・カウンセリング」「ピア・サポート」といったさまざまな言葉が使われるようになり発展してきました。そして、現在は「……プログラムの名称を『ピア・カウンセリング』ではなく『ピア・サポート』と呼ぶことにします。カウンセリングは専門家の領域で、……カウンセラーという言葉を使うことによって、生徒や保護者、あるいは教育専門家らを混乱させたり、カウンセリングとしてのスキルを身につけるよう子どもたちに期待してしまうことは避けたいと思います。……プログラムのトレーニングを受けた生徒を『ピア・サポーター』または『ピア・ヘルパー』と呼ぶことにしました」（トレバー・コール『ピア・サポート実践マニュアル』）として、「ピア・サポート」という言葉が一般的です。

ピア・サポートの実際

ピア・サポーターの決定

ピア・サポーターをどのようにして決定するかは、学校や子どもたちの実態や導入の仕方によりさまざまな方法が考えられます。児童会や生徒会の執行部、保健委員会など既存の組織を活用したり、広く希望者を募ったりする方法が考えられます。また、小規模校では子どもたち全員をピア・サポーターとして、サポート活動の内容に応じて互いにサポートしたりサポートされたりという関係をつくることも考えられます。

ピア・サポーターへのトレーニング（コミュニケーション・スキル・トレーニング）

ピア・サポーターに決定した子どもたちに対して、まずはサポート活動をするために必要な、基本となる円滑なコミュニケーションのために大切なスキルを学び、仲間を思いやる心を育むためのトレーニングを行います。

トレーニングを通して、コミュニケーション・スキルと仲間を思いやることの大切さを学んだ子どもたちが、仲間に対して、どのようなサポート活動ができるか、どのようなサポート活動をしたいと願うか、そして行動するかがピア・サポートなのです。だからこそ、ピア・サポーター自身の成長と思いやりにあふれた学校の創造ができるのです。

表１は基本的で共通なトレーニングの例で、図２はその後の具体的なサポート活動につなぐためのトレーニングのイメージです。

サポート活動の実際

サポート活動は、相談活動だけでなく、より幅広くとらえるべきだと考えています。人間関係や精神的な悩みだけでなく、重たい荷物を抱えて移動させるのに困っている、数学がわからなくて困っている、跳び箱がうまく跳べなくて困っている、けがで一週間ほど松葉杖を使わなくてはいけないので荷物を持てなくて困っている、転校（入学）したばかりで学校の様子がわからなく

表１　ピア・サポーターのための基本的なトレーニングの内容（例）

	トレーニングの内容	トレーニングのねらい
1	リレーションづくり 「ピア・サポート活動とは」	仲間づくり、活動への動機づけ ピア・サポート活動の理解
2	エゴグラム	自己理解、他者理解
3	非言語によるコミュニケーション	感情は言語以外でも伝えられる
4	トラスト・ウォーク	信頼感の醸成、 自他の関係性の理解
5	一方通行・双方向のコミュニケーション	双方向の交流の大切さの理解
6	聞き上手になるために① 聞き方（聞く態度、角度、距離など）	ＦＥＬＯＲの理解 姿勢や態度、相手との距離などの理解
7	聞き上手になるために② 傾聴（繰り返し、感情の明確化） （私メッセージ）	受容、共感、感情の明確化、自他の明確化などの理解
8	守秘義務と限界設定	ピア・サポート活動の範囲の理解
9	パーソナル・プランニング	具体的なサポート活動の立案
10	課題解決	課題解決の相談方法の理解

図２　トレーニングのイメージ

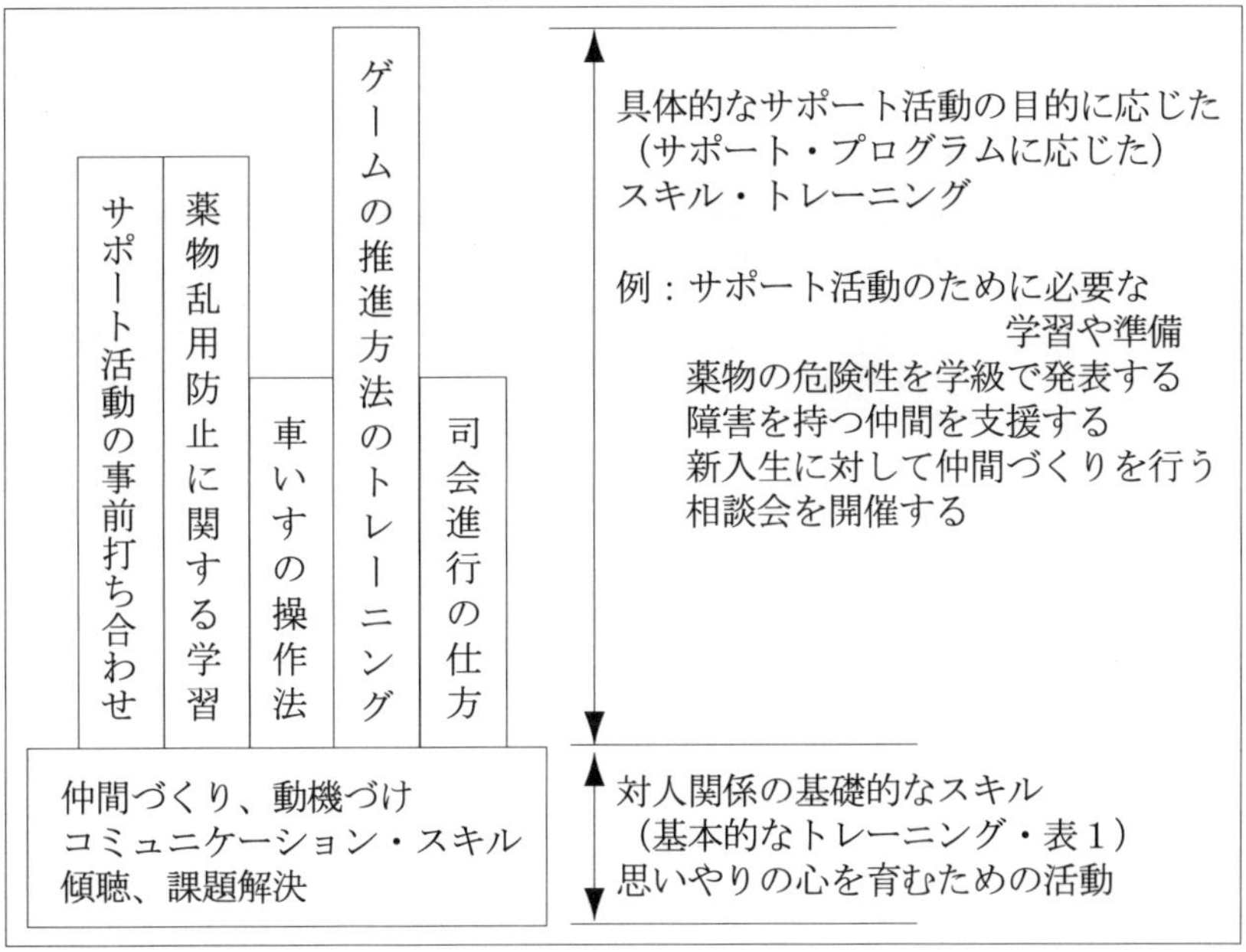

て困っている、などに対する支援もサポート活動として考えることが大切です。さらに、これを発展的に考えると、「今は困っていないが、こんなことをすればもっと私と仲間たちが有意義に学校生活を過ごせる」「こんなになれば、私たちが過ごしている学校はもっとよくなる」ための活動（たとえば、あいさつ運動や校庭に花壇をつくるなど）を具体的に検討し実行することもサポート活動とすることができます。

このようにサポート活動を考えると、その活動内容や実施方法などは、その学校やピア・サポーターの課題や実情に応じて無限の広がりを持つことになります（表２）。

また、子どもたちが実際にサポート活動を行うときは、事前にその方法の確認、結果の報告、うまくいかなかった場合の報告や対処、守秘とその限界などについて、指導者は必ず確認しておく必要があります。

表２　サポート活動の例

- ○ピア・サポーターによる相談活動（悩みごと相談）の実施
  - (ア)　時間や場を設定して行う相談活動
  - (イ)　学校生活のあらゆる場面で、臨機応変に適宜行う相談活動
- ○ピア・サポート委員会による『ピア・サポートだより（仮称）』を継続的に発行して、全校児童生徒に対してサポート活動の理解と心の健康についての啓発活動を行う
- ○『ピア・サポートだより（仮称）』で紙上相談を行う
- ○それぞれの教科についての学習支援活動（技術・家庭、体育、美術、音楽などの実技を伴うものも含む）
- ○学校行事での支援活動――学校行事の成功に向けての仲間支援
- ○新入生に対するオリエンテーションと仲間づくり
- ○転校生に対するオリエンテーションと仲間づくり
- ○遊びの支援活動――“良好な人間関係”形成に対する支援活動
- ○あいさつ運動
- ○孤立しがちな友達への声かけ
- ○障害を持つ生徒への援助プログラム
- ○美化運動
- ○その他、ピア・サポーターとして可能だと考えられるボランティア活動

ピア・サポートの活用のポイントと留意点

教職員の理解

ピア・サポートは、基本的には学校全体への活動ですから、その内容や活動について教職員の理解を十分に得ておくことが大切です。

トレーニングについて

ピア・サポーターに対するトレーニングの具体的な内容は、ピア・サポートに関する書籍だけでなく、構成的グループエンカウンターのエクササイズ、ソーシャル・スキル・トレーニング、グループ・ワーク・トレーニングなども参考にし、トレーニングのねらいと子どもたちの実態に応じて柔軟に構成すると効果的だと思います。ただ、トレーニングのみ実施してサポート活動のないまま「ピア・サポートを実践した」とすると、構成的グループエンカウンターやソーシャル・スキル・トレーニングなどとの違いは何か、という混乱を招きかねません。

サポート活動について

ピア・サポーターに対するトレーニングをコミュニケーション・スキルではなく相談のスキルととらえてしまうと、「サポート活動＝相談活動」だという固定した考えになりかねません。サポート活動の具体的な内容は、前述したように相談活動などの課題の解決や改善的なものだけでなく、啓発的なものや発展的なものもサポート活動だと幅広くとらえ企画する必要があります

（表3）。また、全体のトレーニングを終了した後にサポート活動をしようと考えると、学校生活上無理があると思います。トレーニングを継続しながら、学校の雰囲気や行事などを考慮し、適宜、サポート活動を並行的に実施していくのが現実的だと思います。

指導者自身の力量に応じたピア・サポート

ピア・サポートの指導者は、トレーニングだけでなく実際に子どもたちが行う具体的なサポート活動への支援（スーパービジョン）を行うことになりますから、子どもたちの提案するサポート活動であっても、それに対して指導者自身が支援する力量を持っているかを見極めることも大切なことです。現実的には、ピア・サポートの導入段階では、あいさつ運動や学習のサポート、美化運動や仲間への声かけ運動など、安全性の高いものから始めるのが妥当だと考えます。そのような活動を積み重ねていく中で、担当教師の教育相談やトレーニングなどの指導に関する力量が向上し、学校にピア・サポートも定着してきたら、徐々にサポート活動をより多様なものとし、そのうちの一つとして相談活動も検討していくのが安全で妥当なものだと考えます。

表3　さまざまな視点からのサポート活動の分類

	さまざまな視点からのサポート活動	具体的な活動例
個人・集団	それぞれのピア・サポーターが、一人でできるサポート活動を考え実行する。	あいさつ、声かけ、教室の美化
	ピア・サポーターがチームを組んでサポート活動を考え実行する。	広報誌の発行、学習支援、学校の美化
改善・発展	困っている仲間や、学校環境の修復のためのサポート活動を行う。	学習支援、仲間づくり、校舎の安全点検
	困っているわけではないが、もっとすばらしい学校環境にするためにサポート活動を行う。	あいさつ、声かけ、学校美化、花壇づくり
自主・依頼	ピア・サポーターが自ら考え実施するサポート活動	あいさつ、広報誌の発行、学習支援
	学校がピア・サポーターに求めるサポート活動	学校行事への協力・積極的参加

また、学校にスクールカウンセラーが配置されていれば、ピア・サポートへの理解と協力を求め、連携していくことも必要です。個々のサポート活動では、子どもたちと教職員に対しての「安全性への絶対的な配慮」に基づいた、指導者や学校としての「限界設定」も求められます。

ピア・サポートについて、さらに詳しく知るために

＜ピア・サポートの全体像を知りたいときは＞

・トレバー・コール『ピア・サポート実践マニュアル』川島書店
・日本ピア・サポート学会企画『ピア・サポート実践ガイドブック』ほんの森出版
・小川康弘『ピア・サポート活動　中学校・高等学校（改訂版）』自費出版

＜海外のピア・サポートについて知りたいときは＞

・トレバー・コール『ピア・サポート実践マニュアル』川島書店
・ヘレン・コウイー、ソニア・シャープ『学校でのピア・カウンセリング』川島書店

＜ピア・サポーター養成のためのトレーニングを知りたいときは＞

・菱田準子『すぐ始められるピア・サポート　指導案＆シート集』ほんの森出版

＜ピア・サポートの日本国内での実践例を知りたいときは＞

・日本ピア・サポート学会企画『ピア・サポート実践ガイドブック』ほんの森出版
・高知県教育委員会『ピア・サポート活動推進事業』児童生徒支援課

＜ピア・サポートに関心を持つ人のネット・ワークを知りたいときは＞

・日本ピア・サポート研究会のホームページ　http://www.h3.dion.ne.jp/~eclipse/peer.htm

3

アサーション

鈴木　教夫
埼玉県春日部市立宝珠花小学校教諭

アサーションって、こんなものです

アサーション（assertion）とは、「自分も相手も大切にしようとする自己表現で、自分の意見、考え、気持ち、欲求などを正直に、率直にその場にふさわしい方法で述べることであり、また同時に、相手が同じように表現することを待つ態度を伴う」ものです。言い換えれば、相互の関係性を大切にした自他尊重のコミュニケーションである、と言うことができます。これを教育的な観点から見れば、子どもたちが自分の意見や考えを聴く人の立場になってわかりやすくはっきりと言うと同時に、話す人の立場になって相手の話を最後まできちんと聴き理解しようとするように指導することです。

三つの自己表現のタイプ

さて、私たちが毎日行っている自己表現には大きく分けて三つのタイプがあると言われます。それは、攻撃的（aggressive）な自己表現、非主張的（non-assertive）な自己表現、アサーティブ（assertive）な自己表現です。それでは、それぞれの自己表現について簡単に説明しましょう。

①攻撃的（aggressive）な自己表現

攻撃的な自己表現とは、自分は大切にするが相手を大切にしない自己表現のことです。過剰な自己表現とも言えます。自分の考えや意見、それに気持ちははっきりと言い、自分の権利も主張します。しかし、相手の考えや意見、それに気持ちは無視したり、あるいは軽視したりするため、相手に押しつけた言い方となります。また、相手の気持ちや欲求を無視して自分勝手な行動をとったり、自分の欲求を巧妙に相手に押しつけたり、相手を操作して自分の思いどおりに動かそうとします。自己肯定・他者否定の話し方です。

②非主張的（non-assertive）な自己表現

非主張的な自己表現とは、相手は大切にするが、自分を大切にしない自己表現のことです。不十分な自己表現とも言えます。自分の気持ち考え、信念を表現しなかったり、し損なったりするために、自分で自分を踏みにじる結果になります。また、曖昧に言ったり、言い訳がましく言ったり、遠回しに言ったり、聞こえないように小さな声で言ったりすることも含まれます。相手を尊重しているようで、相手に率直でなく、自分に不誠実な行動であるともとらえられます。非主張的な表現は、相手に自分の考えや気持ちを伝えられなかったという不完全さや後味の悪さを体験し、イライラしたり落ち込んだり憂うつになったりします。自己否定・他者肯定の話し方です。

③アサーティブ（assertive）な自己表現

アサーティブな自己表現とは、自分も相手も大切にした自己表現のことです。自分の考えや意見、それに気持ちや信念を率直に正直に、その場にふさわしい方法で自己表現をします。自己信頼や相互信頼の上に成り立つコミュニケーションでもあります。お互いの意見や気持ちの違いによる葛藤が起こることを予想し、葛藤が起きてもそれを自分で受け入れ、処理しようとします。自己肯定・他者肯定の話し方です。

アサーション権

アサーションを支えるものに「アサーション権」という基本的な人権があります。この人権は、アメリカにおける人種差別反対運動や婦人解放運動を支える基本的人権として認められたものです。平木典子氏は、次のようなアサーション権を紹介しています（平木典子『アサーション・トレーニング』五九〜七六ページ）。

①私たちは、誰からも尊重され、大切にしてもらう権利がある。

これは、アサーションの根底にある相互信頼の思想を反映した最も基本的な人権です。各自が持っている考えや意見、欲求や希望などを誰もが持ってよく、また、それらの意見や欲求などを表現することも認められるということを意味します。そして、他の人の意見や欲求なども同様に尊重しなければならないということです。

②私たちは誰もが、他人の期待に応えるかどうかなど、自分の行動を決め、それを表現し、その結果について責任を持つ権利がある。

これは、自分自身について最終的に判断し、自分で責任をとる、ということです。他の人にどう言われようと、他人に合わせる必要はないし、変えられるものではありません。また同時に、他人を変えることもできないということです。

③私たちは誰でも過ちをおかし、それに責任を持つ権利がある。

この権利は「人間の権利」とも言われ、大変重要な権利です。人間は神様ではないのだから完璧ではありえません。ですから、失敗はつきものです。そして、失敗したら自分のできる限りで責任を果たせばよいのです。人間は完璧でないのだから、とれる責任も限られてきます。もし、失敗をしてはならない、失敗する人間は価値のない人間だ、という考えにとらわれると自信がなくなり、自己卑下になってしまいます。また、成功ばかりを気にしていると、成功の保証がない限り何もできなくなってしまいます。これは不可能です。人間は不完全ですから失敗をします。でも、その失敗を生かして工夫をし、努力し、そして成功したとき、喜びや達成感を経験します。それが成長につながるのです。

④私たちは、支払いに見合ったものを得る権利がある。

これは、たとえば買い物をしたり、サービスを受けたりするとき、支払いに見合った要求をしてもよいという意味です。これは、一見すると当たり前のようですが、実際に実行している人は少ないようです。たとえば、洋服屋で買い物をしたとき、品物が不良品であった場合、それを取り替えてほしいと言うのは当然です。しかし、実際には何も言わずに泣き寝入りしてしまう場合が多いかもしれません。そのような場合は、アサーティブに「交換してほしい」と言えばよいのです。

⑤私たちは、自己主張しない権利もある。

これは、アサーションとは関係ないように思えますが、実は大変重要な人権です。「アサーションしてよい」と「アサーションしなければならない」とは意味が違います。時と場合、それに相手によっては何も言わないほうがベターな場合があります。そんなときは、無理に話をしなくてもいいのです。むしろ黙っていたほうが得策である場合もあります。これは、アサーション権②と深い関係があります。つまり、自分で「言わない」と決めたのだから、その結果についても責任を持ち、受け入れるということです。

アサーションの相談活動への生かし方

いじめにせよ、不登校の問題にせよ、子どもたちの悩みや問題は言葉が原因になることが多いのです。そして、ある特定の思い込みが問題を深刻化させ、解決を困難にしている場合が多いのです。このような悩みや問題を抱えた子どもたちは、自信がなく、感情もこわばっています。自分を価値のある大切な存在であると思う自尊感情が十分育っていないのです。

アサーションを行うためには、「自分の気持ちや考えなどの言いたいことをはっきりさせること」と、「それをきちんと表現できるコミュニケーション・スキルを身につけること」が必要です。アサーション・スキルとは、アサーティブな表現をするのに必要な方法のことです。具体的には、「考え方のスキル」「言語的なスキル」「非言語的なスキル」に大別することができると思います。「考え方のスキル」は、考え方をアサーティブにする方法です。「言語的なスキル」は、たとえば社交的な場面での会話、問題解決のためのセリフづくり（DESC《デスク》法）などがあります。「非言語的なスキル」には、感情表現、傾聴的な態度などがあります。こうしたことをするためには自分をよく知り、自分を好きになり、自分に自信が持てなければなりません。つまり、アサーションを学ぶことは、自尊感情を高めることにもつながるのです。そういう意味で、アサーションは相談活動にも生かせるのです。

言いたいことをはっきりさせる

まず最初に「自分の気持ちや考えなどの言いたいことをはっきりさせること」について考えてみましょう。これは、「自分をよく知る」ということや「自分を好きになる」ということと深い関係があります。アサーションは、最初にも述べましたが「自分の意見、考え、気持ち、欲求などを正直に、率直に」ということが大前提です。したがって、「今、ここで」の自分の心の動きをしっかり理解しなければいけません。どんな感情を持ってもいい、どんな自分であってもいいという気持ちをしっかり受け入れることができたとき、相手に自分の感情をきちんと示せるようになるのです。

次に、「きちんと表現できるコミュニケーション・スキルを身につけること」について考えてみたいと思います。他人と話をしているとき、相手に言いたいことをはっきり言おうとしても、自分の判断に自信がないとはっきり言うことができません。アサーティブな表現をしようと思っても、どうしようか迷うときは自分に自信がないときなのです。

自信がないと勝手な思い込みをしてしまうことがあります。たとえば、非主張的な人は「断ることはよくない」「迷惑をかけることはしてはいけない」というように決めてかかることがあります。また、攻撃的な人は「それでいいに決まっている」と自分本意に決め込んでしまうことがあります。一方、アサーティブな表現をする人は、自分の判断に自信があり、相手に対する配慮が見られます。

自己信頼と他者信頼を育てる

相談室に来る子どもたちは、自分に自信がなく、他人に対する警戒感が強く、他人をすぐに信用しようとしません。こうした心の改善にアサーションは役立つと思います。

アサーションを支えるものに自己信頼があります。自己信頼は自己表現の土台ともいうべきものです。「どう話そうか」「どんな話をしたらいいのだろうか」という判断は、「自分も価値のあるかけがえのない人間の一人である。だから自分が表現したいときは表現してもいいんだ」という自尊感情や、「自分の気持ちや考えは、自分を表している大切なものなんだ」といった自己信頼感、そして、「自分の気持ちをきちんと言えば、相手はきっとわかってくれるだろう」「相手が相手の気持ちを伝えてきたら、お互いによりよく理解し合えるのではないか」といった他者に対する信頼感などが関係し合ってアサーションは成り立つのです。

「不安だったけれど、言ってみたらわかってもらえた」「相手もきっとこういう気持ちだったんだろう。今日はお互いにわかり合えてよかった」というような経験が、自己信頼や相互信頼を育てるのだと思います。しかし、いつもわかってもらえるとは限りません。「相手にわかってもらえなかった」という経験をして、一時的にはがっかりし、自尊感情に傷がつくかもしれません。しかし、相手にもアサーション権があるということを理解したとき、今まで以上にアサーティブな表現を工夫しようというような前向きな心も育つと思います。

アサーティブな考え方ができる

悩みや問題を抱えている子どもたちは、考え方が狭かったり、偏っていたり、あるいは特定のこだわりを持っていたりする傾向が見られます。こういう子どもたちがアサーティブな考え方を知ったならば、悩みや問題を解決する糸口を見つけることが期待できます。

それは、アサーションには、合理的で現実原則に合ったものの見方や考え方が必要だからです。非現実的な思い込みをしているとアサーティブになれないのです。

平木典子氏は非合理的な思い込みとして、次の五つを挙げています。「①人は、誰からも愛され、常に受け入れられるようであらねばならない」、「②人は完全を期すべきで、失敗をしてはならない」、「③思いどおりに事が運ばないのは致命的なことだ」、「④人を傷つけるのはよくない。だから人を傷つけるような人は責められるべきである」、「⑤危険で、恐怖を起こさせるようなものに向かうと、不安になり、何もできなくなる」(前掲書　八四～九四ページ)。

これらの考え方を修正するには、論理療法の考え方が役に立ちます(詳しくは14論理療法をご覧ください)。簡単に言えば、「～なければならない」「～べきである」といった考え方を、現実原則に合った考え方に修正すればいいのです。たとえば、「人は、誰からも愛され、常に受け入れられるようであらねばならない」であれば、「人は、誰からも愛され、常に受け入れられるようでありたい」、あるいは「人は、誰からも愛され、常に受け入れられるに越したことはない」といった具合です。現実原則に沿って考えられると気持ちが楽になり、正直に、率直に言えるようになります。これがアサーションを支えるのだと思います。

見方や考え方が変わると表現が変わります。表現が変わると受け止め方が変わります。受け止め方が変わると考え方や感じ方が変わります。考え方や感じ方が変わると悩みが悩みや問題でないように思えてきます。悩みや問題が薄れると新しい夢や希望が見えてきます。そうすると自信がつきます。

アサーションの活用のポイントと留意点

さて、ここでアサーションの留意点を簡単に説明しましょう。まず、注意したいことは、アサーションを学ぶといつでもアサーティブに表現しなければならないと思い込んでしまう人がいることです。アサーションは、そのときの相手や状況などにより、その場に合った最善の方法で行うことが大切です。アサーションを使わないほうが得策だと判断したらアサーションを使わなくてもいいのです。ですから、アサーション権のところで説明した②と⑤を思い出してください。結局はすべての言葉に自分で責任を持つということなのです。

教師が手本となり、話を最後まできちんと聴くように心がけます。最後まできちんと自分の話を聴いてもらえるとうれしいし気持ちがいいものです。こうした経験を重ねると、自分の気持ちが整理でき、気分も楽になります。

こうした経験をしたあとDESC《デスク》法（アサーティブなセリフづくりの公式のようなもの）で話し方を教えます。D（describe：描写する）、E（express, explain, empathize：表現す、説明する、共感する）、S（specify：特定の提案をする）、C（choose：選択する）という過程をたどってセリフをつくる方法です。私は、小学生にもわかるように「み・かん・てい・いな」という語呂合わせを使った方法を考案し、指導しています。つまり、「み」（見たこと・事実の確認）、「かん」（感じたこと・思ったこと）、「てい」（提案・お願い）、「いな」（否定された場合や提案を受け入れてもらえない場合を予想しての二案）という具合です。

たとえば、図書室で本を読んでいて隣の子どもが騒ぎ出したとき、「うるさーい。静かにしてー」と言うのではなく、「さっきから、大きな声で話をしているね」（見たこと）、「ぼくは静かに本を読みたいのに、君の話し声がうるさくて迷惑しています」（感じたこと）、「ここは図書室だから、静かにしてくれませんか」（提案・お願い）、「もし、話をしたいのなら、他の場所でしてくれませんか」（否定された場合を予想した二案）と言うのです。ＤＥＳＣ法は、相手に対してどのように言ったらよいのかわからない場合や言い方が思いつかない場合に有効な手段です。

アサーションについて、さらに詳しく知るために

＜最重要参考図書＞

・平木典子　一九八三『アサーション・トレーニング――さわやかな＜自己表現＞のために』日本・精神技術研究所（発売：金子書房）

＜参考図書＞

・園田雅代・中釜洋子　二〇〇〇『子どものためのアサーション（自己表現）グループワークノート』日本・精神技術研究所（発売：金子書房）

・園田雅代・中釜洋子・沢崎俊之編著　二〇〇二『教師のためのアサーション』金子書房

・平木典子　二〇〇〇『自己カウンセリングとアサーションのすすめ』金子書房

・平木典子・沢崎達夫・土沼雅子編著　二〇〇二『カウンセラーのためのアサーション』金子書房

＜学会・研究会＞

・日本学校教育相談学会の中央研修会（毎年一月開催）やワークショップ（毎年八月開催）

・日本教育カウンセラー協会の研修会　など

4

ソーシャル・スキル教育

仲田　洋子
駿河台大学専任講師　臨床心理士

ソーシャル・スキル教育って、こんなものです

ソーシャル・スキル教育、ソーシャル・スキルとは何か

今日、「ソーシャル・スキル教育」という言葉が、よく聞かれるようになりました。ソーシャル・スキル教育とはいったい、どのようなものなのでしょう。

もともと、心理療法の一つに、ソーシャル・スキル・トレーニング（以下ＳＳＴ）があります。ＳＳＴとは、引っ込み思案が強かったり、攻撃性が強かったりして集団からはじき出されてしまう子どもに、集団でうまくやっていくためのスキル（技術）を身につけさせるものです。このように、ＳＳＴは心理療法の個人療法から始まったものですが、これを、学校のような集団の中で

も行えるよう応用したものが「ソーシャル・スキル教育」です。

では、ソーシャル・スキル（social skills）とは何でしょうか。もともと「社会的技術」と訳されていましたが、最近では、そのまま「ソーシャル・スキル」と呼ぶようになりました。人間関係を円滑にこなすには、ある技術が必要になります。ただ自分の思うとおりに、自己流でやっているだけでは、人間関係をうまく構築することが難しいのです。この、人間関係、対人関係をうまく結ぶための技術を「ソーシャル・スキル」と呼ぶのです。わかりやすく言えば、「人間関係のコツ」「対人関係のコツ」にあたります。もっと広くとらえると「社会性」にあたります。

ソーシャル・スキルは体験を通して学んだものである

人がソーシャル・スキルを発揮するには、以下の五つの情報の処理過程をたどると言われています。

① その場の状況や相手の状態を的確に読み取り、判断する
② その対人状況の中で何をめざすべきか、対人目標を決定する
③ 対人目標の達成のためには、どのように反応するべきか、対人反応を決定する
④ 対人反応を的確に実行するために感情をコントロールする
⑤ 自分の思考や感情を言語行動（言葉）、非言語行動（手振り・身振りなど）を用いて相手に伝える

状況を読み取り、目標を定め、さまざまにあるスキルのバリエーションの中から、目標達成に合うスキルを選び出し、感情を調節した上で、実行に移す。その複雑な情報処理の仕方を人はどのように学んできたのでしょうか。

そもそもスキルという言葉は、心理学では、天性のものではなく後から学習して身につけたものを指します。しかし、近年、このソーシャル・スキルが身についていない、不足している子ども（非社会的な子ども）が増えてきたと、学校で言われるようになりました。また、うまく周りの子どもと人間関係を取り結べず、トラブルばかり起こしてしまう子どもの増加も指摘されています。ある時期、「反社会的」な子どものことが問題になりましたが、今日、子どもたち全体が「非社会的」になってきたと口々に言われるようになってきました。うまく「社会性」が育たないまま学校にあがり、そして、学校という生活集団の中でうまくやっていけない子どもたちが多くなりつつあります。この状態は、個人が集団に合わないだけでなく、集団が個人に合わない状態になっているとも言えるのです。ですから、ソーシャル・スキル教育を個人に行うだけでなく、集団（学級や学年）に対して行う必要性も出てきています。

ソーシャル・スキル教育では、前述したように、ソーシャル・スキルを学習して身につけるものとして考えます。ソーシャル・スキルの不足や、間違った学びから起きる子どもの社会性をめぐる問題の背景には、さまざまなことが考えられています。たとえば、学年を越えて遊ぶ集団（異年齢集団）が消えたこと、遊び集団が縮小し、遊ぶ場も減少したこと、ゲームなどの遊具が豊かになったことがあります。それに伴って、子どもたちの遊びそのものにも質的な変化が生じてきたと考えられます。本来、ソーシャル・スキルや社会性は、主に集団遊びの中で、複雑な人間関係を数多く体験することを通して身につけてきたのです。ところが、そのような体験をすることが少ないまま、幼児期から児童期を過ごしていると考えられるのです。ソーシャル・スキルを学習するのに一番適した時期は、幼児期から児童期ですが、そこでの体験が極端に減少しているのです。そこで、近年、「学校でソーシャル・スキル教育を」という声が上がってくるようになりました。

ソーシャル・スキル教育の考え方

ソーシャル・スキル教育では、スキルが不足しているのなら補えばよい、間違って覚えているのなら修正すればよいと考えます。なかなか集団に入れない子どもは、集団体験が不足しているので、スキルそのものが不足しています。それを補えばよいのです。言葉より手や足が先に出てしまってトラブルを起こし、結果として、自分の伝えたいことをうまく伝えることができない子どもには、相手への要求の仕方を学び直させればいいでしょう。クラス替えをしたばかりで、集団としてうまく機能していない段階でのクラスや、学級崩壊を起こしかけているクラスにソーシャル・スキル教育を適用して、集団が集団として機能することをめざす場合にも効果的です。

ソーシャル・スキル教育では、人間関係のトラブルは、あってはならないとは考えません。むしろ、人間関係のトラブルを、ソーシャル・スキルを学ぶ絶好の機会だと考えます。学校は、社会に出て行くための準備期間です。社会生活で起きがちな人間関係のトラブルは、社会に出て行く準備段階で体験したほうがいいでしょう。わざわざトラブルを起こす必要はありませんが、大事なのは、そのトラブルから何を学ぶかなのです。うまくトラブルを解決する方法を学ぶと、その結果、「問題解決能力」(問題解決スキル）が育まれます。そして、そのトラブルを未然に防ぐためには、どうすればよかったのか、次の機会にどうすればよいのかがわかるのです。したがって、人間関係のトラブルは、ソーシャル・スキル教育にとっては格好の教材なのです。

ソーシャル・スキル教育は、子どもたちの振る舞いを変化させ、他者の評価、自己の評価を変化させます。その結果、子どもたち全体のソーシャル・スキルが改善し、さまざまな教育上の問題の予防にもつながるのです。同時に、子どもたちにとって学校は楽しく、心地よい場へと変わっていくのです。

ソーシャル・スキル教育の相談活動への生かし方

学校でどう活用するのか

臨床技法として発達したSSTを、学校での相談活動でどのように活用したらよいのでしょうか。これは大別して、予防開発的に学級全体を対象として行う場合と、個別援助に活用する場合に分けられるでしょう。

予防開発的な相談活動では、たとえば、①学級集団で「人づきあいの楽しみ方」を学ばせる場合や、②学級集団で人間関係のトラブルを防止するというような形が考えられるでしょう。また、個別の相談活動では、③問題が起こったときに、個別に対応することや、④個別的な援助を必要とする子どもに継続的にソーシャル・スキルを向上させていくかかわりを行う場合があるのではないかと思います。

学級での生かし方の例

ソーシャル・スキル教育は、まず学級で、集団に対して使うことで、子どもたちにスキルを身につけさせることができます。小学校では、道徳や国語、体育の時間を使って定期的にソーシャル・スキル教育を取り入れることが多いようです。ここでは、小学校一年生の学級を対象にして、道徳で行った指導案を紹介しましょう（次ページ参照）。この指導案は、副島賢和先生（東京都

道徳学習指導案

1年○組　○○名

1．主　題　あいさつの大切さを知る（内容項目2－(1)礼儀）
2．資料名　『挨拶絵本』（五味太郎・ブロンズ新社）
3．ねらい　気持ちのよいあいさつを心がけて、人と明るく接することができる
4．展　開

段階	学習活動 （主な発問と児童の反応）	児童への支援と留意点 （☆支援　★評価）
導入	1．あいさつにはどんな言葉がありますか。 ・こんにちは。・さようなら。 ・ありがとう。 ・ごめんなさい。	☆普段使っている、いろいろなあいさつを思い出すようにする。 ★いろいろなあいさつを思いつくことができたか。
展開	2． ①こころのノートでいろいろなあいさつを確認する。 ②あいさつは何のためにするのかを考える。 ・あいさつをすると、きもちがよくなるから。 ・うれしくなるから。 ・げんきがでるから。 ・ともだちになれるから。 ③いろいろな場面のあいさつを考えて、練習をする。	☆「あいさつはこころのリボン」を使い、8つのあいさつを確認する。 ☆生活の中であいさつをするときの気持ちを思い出すようにする。 ☆『挨拶絵本』を使い、日常のいろいろな場面を思い出せるようにする。 ★それぞれの場面に適したあいさつの仕方があることがわかったか。
終末	3．こころのノートのあいさつパークに色を塗り、これからのことを考える。	☆場面に分けて振り返るようにする。 ★あいさつをしようという気持ちがもてたか。

5．評　価　あいさつのよさがわかり、明るくあいさつをしようという気持ちをもてたか。
自分のことを思い起こすことができたか。

新宿区立柏木小学校教諭）からご提供いただいた実践指導シナリオです。

ソーシャル・スキル教育で大事にしてほしいのは、「みんながいい。自分がいい」という考え方です。自分が他の人とかかわるときに、みんなが生かされ、自分が生かされるために、どう振る舞うのがよいのかを考え、そう振る舞おう……というのがソーシャル・スキル教育の哲学だからです。

というのも、ソーシャル・スキルは、「対人関係の中で、他者にも自己にも適切と思われる方法で、必要に応じて社会的相互作用ができ、より適応的に対人関係を形成、維持していく技能」だからです。自分が所属している文化にふさわしい方法で、互いの人間関係を良好なものにしていく技量が、ソーシャル・スキルなのです。ですから、「みんながいい。自分がいい」という考え方が、強調されるのです。

個別の相談活動への生かし方の例

次に、相談活動で、個別的な援助を必要とする子どもに継続的にソーシャル・スキルを向上させていくかかわりを考えるために、筆者がカウンセリングで行った例を紹介します。ここではA君としましょう。当時、小学校三年生でした。学校の中で「友達とトラブルを起こしてしまう」と相談室に来談しました。友達からの働きかけに対して、気に入らない友人に唾を吐きかけることや、殴り合いの喧嘩となることが頻繁にありました。教室の仲間からは「変なやつ」と言われ、教師から叱られることも多く、教室の中ではすっかり孤立してしまいました。

相談室に現れたA君は、筆者にとても人なつっこく挨拶をしてきて、当初は「遊戯療法」という形で会い始めました。しかし、いざ遊び始めてみると、うまく人間関係を取り結べない様子が見られるようになりました。A君は自分のペースを守り、こちらからの声かけには答えず、唐突に自分の話を始めるといった様子が見られました。そうかと思うと、気に入ると抱きつくことも見られました。

このA君の独特な対人関係の結び方は、日常場面にも見られ、初めて入ったお店の人に突然人なつっこく話しかけてしまうことがありました。数回会っているうちに、A君はソーシャル・スキルをどうも間違って覚えているらしいということがわかってきました。そこで、ソーシャル・スキル教育をA君にやってみたのです。

お父さんが一緒に来談していたので、A君が「おかしな」ことをやってしまう日常場面を取り出し、まず、お父さんにA君の役をやってもらいました（ロール・プレイング）。その様子をビデオに撮り、A君に見てもらいます。A君はその様子を自分で見て、恥ずかしそうに笑ってしまいました。「その様子を見て、どうだったか」をA君に聞きました。A君は「ここがおかしい」と、問題点を指摘してくれました。「どうしたらいいと思う？」とA君に尋ね、「では今度はいい例をやってみよう」とお父さんにやってもらいました。

最後に次はA君が「いい例」をやはりロール・プレイングでやってみました。A君も上手にできました。「じゃあ、これからこのやり方をやってみれたらいいよね」として、その回を終わりにしました。

このような回を三回ほど行ったところ、A君の学校での「おかしな」行動が減っていきました。友達との関係も順調に持てるようになり、そのうち、「友達との約束があるから！」と相談室に現れなくなったので、相談は終結となりました。

ソーシャル・スキル教育の活用のポイントと留意点

ソーシャル・スキル教育を実施するにあたって、いくつかの留意点があります。まず、一点目は、「楽しい雰囲気の中で行う」ということです。「教え込む」という雰囲気にしないことが大切なのです。ソーシャル・スキル教育の目的は、「楽しく人とつきあう方法を学ぶ」ことです。楽しみ方を学ぶ集団も楽しいこと、そして、それを教える教師も楽しむこと、これがソーシャル・スキル教育を行うにあたって、一貫して必要な姿勢でしょう。そのためには、導入から子どもたちを惹きつける工夫が大切になります。また、相談活動の場面等で行う場合には、ロール・プレイングを行うことが多くなりますが、その場合にもロール・プレイングを「ごっこ遊び」ととらえ、「ごっこ遊び」を通してソーシャル・スキル教育を体験させるようにするといいでしょう。

留意点の二点目ですが、学級内の人間関係が悪化している場合や、混乱している場合には、個別対応から入ったほうがいいと思います。個別に対応し、その人間関係を修復してから、学級でソーシャル・スキル教育を行うのです。

その他、ソーシャル・スキル教育を実施しても効果が上がらないときには、これら二つの留意点をよく吟味した上で、以下のポイントをチェックするといいでしょう。

① ソーシャル・スキル教育に取り組む子どもの意欲の程度は？
② 教えるソーシャル・スキルは子どもの実態に合ったものか？
③ 用いるモデル（いい例）は適切か？
④ リハーサル（練習）は楽しめるように工夫されているか？

⑤　適切なフィードバックが与えられているか？

ソーシャル・スキル教育の流れは、インストラクション（導入）→モデリング（目で見て）→リハーサル（やってみて）→フィードバック（ほめてもらう）になります。大切なのは、教えようとするのではなく、やってみて、その結果少しでもよくなったこと、よかったこと、頑張ったことを、振り返ってほめること（フィードバック）です。これがないと、こちらのねらいとしている適切なスキルの定着化には結びつきません。「やってみてよかった」という体験が、「またこれと同じことをやってみよう」という気持ちを生み出します。ですから、振り返ってほめること（フィードバック）は、丁寧に、そして必ず行われる必要があります。

ソーシャル・スキル教育について、さらに詳しく知るために

わかりやすくソーシャル・スキル教育について紹介しているのが、小林正幸・相川充編『ソーシャルスキル教育で子どもが変わる』（図書文化）です。指導案も載っているので、実践に向いています。やや専門的な本としては、ソーシャル・スキルの理論について詳しく解説している相川充・津村俊充編『社会的スキルと対人関係』（誠信書房）、ソーシャル・スキル・トレーニングの技法について詳しく解説している渡辺弥生『ソーシャル・スキル・トレーニング』（日本文化科学社）などがあります。各種の研修会で取り上げられることも多いので、そのような講座を受講されるのがよいでしょう。

5

教師学

高野　利雄

東京・私立中学高校スクールカウンセラー
教師学上級インストラクター

教師学って、こんなものです

教師学は効果的な教師になるためのトレーニング・プログラム

教師学のそもそもは、アメリカの臨床心理学者トマス＝ゴードンによって開発されたPARENT EFFECTIVENESS TRAINING（親業）の教師版であるTEACHER EFFECTIVENESS TRAININGを邦訳したものの呼称です。商標登録してありますので、他の内容のものを教師学とすることはできません。日本では一九八六年から始まり、トレーニングを行う教師学講座は全国で開催されています。教師学は小中高、どの年齢の子どもたちに対しても有効な方法です。

トマス＝ゴードンは、心に問題を抱える子どもたちが、親との関係がうまくいっていないことに着目し、親のためのトレーニング・プログラムを開発しました。これが親業です。現在は欧米からアジア各国まで、世界的に広がっています。

教師にも子どもにもある承認欲求を満たすコミュニケーションの必要性

子どもだけではなく誰もがそうですが、「聞いてほしい」「わかってほしい」「認めてほしい」という承認欲求があります。子どもにとって教師は通りすがりの人ではありませんから、聞いてもらえるか、わかってもらえるか、認めてもらえるかどうかは一大事です。ですから、言われたことを一生懸命にしようとするわけで、子どもからすれば、教師は社会的にも、関係的にも権力的存在なのです。

近年、さまざまな事情があって教師の言うことをきかない子どもが増え、学級や授業が成り立たないことが多く報告されていますが、どのような子どもでも承認欲求を持っています。ところが、子どもの行動が教師に課せられたことを邪魔するようだと、「聞いていられない」「わかってあげるわけにはいかない」「認められない」ということになってしまいます。なぜかというと、教師に課せられたことがうまく運ばなければ、批判され、指導力不足と評価されてしまうからです。そこで、教師と子どもたちの間には大きな隔たりが生まれてきて、ますますうまくいかなくなってしまいます。

力でおさえ、怒鳴って言うことをきかせることができる権力的な教師に対して子どもたちがとる態度は、服従、反抗、逃避のいずれかになります。相手がより強くなければ反抗するし、嫌になったら姿を消してしまいます。その場だけ、教師の力量があるように見えるだけです。

子どもたちが「人」として、状況の中で感情を持って生活していることを思えば、教師には一人ひとりの子どもの感情をしっかりと受け止めようとする態度と技法が必要です。

教師学では、権力ではなく影響力を使うことをすすめています。影響力とは、自分が持つ知識・技能・相手への配慮や関心などを、子どもたちとの関係の中で十分に発揮することです。そして、教師学はそのためのさまざまな技法を提示しています。

その一つに「能動的な聞き方」があります。子どもの承認欲求が満たされるのは、気持ちをそのまま受け止めてもらえたときです。思うようにいかなくて悲しんでいる、困っている子どもの気持ちを、あるいは軽度発達障害などで自分でもわけがわからずに苦しんでいる子どもの気持ちをしっかりと受け止めてあげたとき、あるいは嬉しくて、楽しくてじっとしていられないときの表現をそのまま受け入れてあげたとき、子どもは認めてもらえたと感じます。「能動的な聞き方」は、そんなときに有効なものです。子どもたちと教師との豊かな関係と子どもたち自身の育みとが、それを土台にしてつくり上げられていきます。

教師のほうにも承認欲求があります。子どもたちに理解してもらうために、教師学では五種類の「わたしメッセージ」を、使いやすい技法にして提示しています。

「行動の四角形」で自分を整理することからコミュニケーションが始まる

「私はどんな子どもでも好きです」と言う教師に敬意を表することにやぶさかではありませんが、「あの子のすることは困ると思ったことはありませんか？」と尋ねて「ありません」と答えられたら、それはきっと子どもたちのおかげでしょう。子どもたちが、いつも、その教師にとって受容できる行動をしているからだろうと思うからです。

教師学は、相手の行動について自分がどのように感じるかを重視します。それを「行動の四角

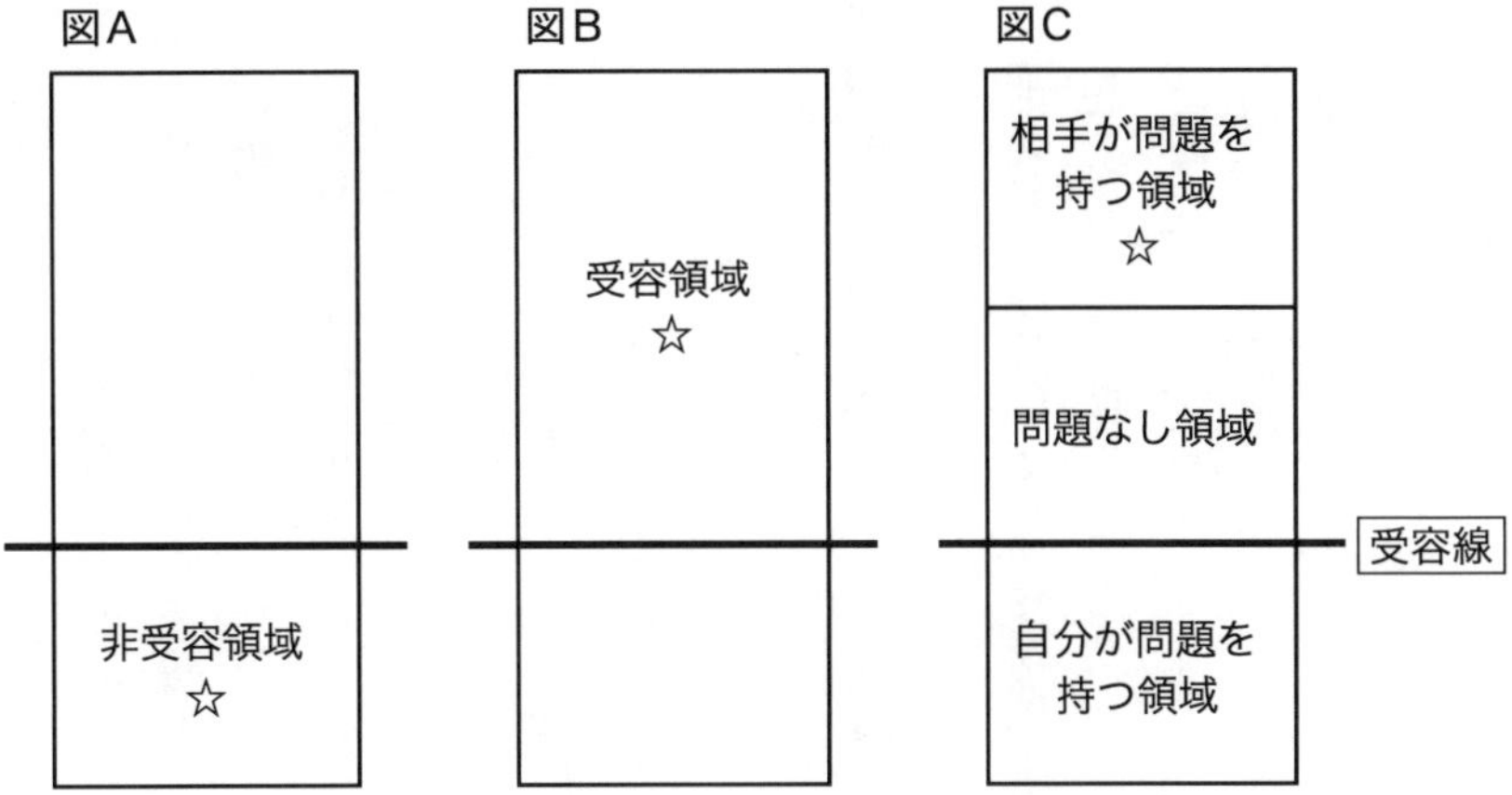

形」で整理することによって、相手とのかかわり方をどのようにしていくかを選択することになるからです。むろん、選択するかどうかについては自分で決めていくことになります。

しばらくの間、図を見ながら読み進めてください。

相手の行動について、「自分としては変えてほしい・やめてほしい」と思うときは、その行動に対して非受容になっていますから、受容線以下の四角（非受容領域）の中に☆を入れることにします（図A）。☆は行動を意味します。つまり、自分が相手の行動を受け入れられず、困る・悲しい・つらいなどの否定的感情になっていることを「行動の四角形」で整理したというわけです。こんなときには、自分の否定的感情を解決しなければなりませんから、問題を持っているのは自分です。そこで「わたしメッセージ」で自分のことを相手に伝え、わかってもらうようにします。

相手の行動について、自分としては変えなくていいと思うならば、その行動を図の中の受容線より上（受容領域）に☆を入れることにします（図B）。

相手の行動については受容できても、「何かあったのかな」「悲しそうだ」「イライラしているな」など、相手が否定的感情を持っているのではないかと推測されるときがあります。問題を持っているのは相手です。そこで受容領域の中に別の四角形をつくり、そこに☆を入れます（図C）。この場合、自分ができることは解決のための援助をすることで、「能動的な聞き方」が有効です。

「行動の四角形」は、受容線によって非受容領域と受容領域に分けられ、受容領域はさらに二つに分けられます。問題所有者は誰なのかということから、非受容領域は「自分が問題を持つ領域」であり、受容領域は「相手が問題を持つ領域」と「問題なし領域」に分けられることになります。

コミュニケーションは、話すか聞くかで始まるわけですから、「行動の四角形」に整理して、自分がどうしていくかを選択することには大きな意味があります。次に、「どうしていくか」について、教師学の技法をご紹介しましょう。

教師学の相談活動への生かし方

「能動的な聞き方」で相手を援助する

相手が否定的感情になっているとき（図Cの場合）には「どうしたの？　話してごらん」「困っているみたいだね」というように話しやすくしてあげます。話し始めたら、相手の話や表情から自分が受け止めたことを、「こんな出来事があって」「こんな気持ちになっていて」というように確認するつもりでフィードバックするのです（これを教師学では「能動的な聞き方」と呼びます）。きちんと受け止めてもらうと、相手の否定的感情は少しずつやわらいで、考えられるようになったり、新しい行動ができるようになったりしていきます。カウンセリングでいう積極的傾聴ですが、教師学では現場に必要な「受動的な聞き方」のトレーニングを踏まえていくので、「能動的な聞き方」と言っています。

「わたしメッセージ」で自分を明確に伝える

自分が否定的感情になっているときは、誰かに受け止めてもらえると楽になるのですが、なかなかそうもいきません。そこで、自分が今、どんな気持ちになっているかを率直に話し、明確に伝えることでわかってもらえる可能性を高めるように「わたしメッセージ」を活用する方法があります。相手の行動について非受容であるために否定的感情になっているとき（図Aの場合）には、その行動をはっきりと特定する必要があります。

子どもの私語が気になって、授業がしづらくなったときのことを例にしてみましょう。「○○君がおしゃべりをしていると、それが気になって授業を進めにくくて困るんだ」という言い方になります。この「わたしメッセージ」は、①相手（子ども）の行動＋②自分（教師）への影響＋③自分（教師）の感情の三部構成になっています。これを「対決のわたしメッセージ」と呼んでいます。受け入れられない相手の行動を思い出して、いくつも練習してみてください。自分への影響をよく考えてみてください。ここを素通りするとごまかしになります。どうしてもなければ相手、つまり、行動をしている本人（子ども）への影響を考えてみてください。それは、①相手（子ども）の行動＋②本人（子ども）への影響＋③自分（教師）の感情という三部構成になります。これもたくさん練習してください。

教師学講座では五種類の「わたしメッセージ」を提示して、そのつくり方をトレーニングしています。自己流だと「隠れたあなたメッセージ」を発信してしまうことが多いので、インストラクターのチェックを受けていくわけです。

あとの三種類は自分の考えを明確に述べる「宣言のわたしメッセージ」、肯定的感情を伝える「肯定のわたしメッセージ」、互いに問題を抱えないようにする「予防のわたしメッセージ」で、これらは☆が問題なし領域にあるときに使うものです。

共に勝つ解決策を探す「第Ⅲ法」

相手の気持ちを聞き、自分の気持ちを伝えたということで相互理解をしても、実際にはどのような解決策をとったらいいのかわからないことがしばしばあります。これは欲求の対立が起こっているために、互いに受け入れられないでいるからです。

教師が権力を使って子どもの行動を変えさせる方法を第Ⅰ法、子どもの好きなようにさせて譲ってしまう方法を第Ⅱ法と言います。双方が納得して、共に勝つ方法を第Ⅲ法と言い、それを進めていくための六段階があります。それは、①欲求を明確化する、②解決策を探す、③解決策を評価する、④解決策を決定する、⑤実行計画を立てる、⑥ふりかえる、です。

この段階をたどっていくときに、子どもがどんな気持ちでいるかを「能動的な聞き方」で大切にしてあげること、また自分については「わたしメッセージ」で伝えていくことを、ふんだんに取り入れていきます。第Ⅲ法は、その場での相互理解を深めながら解決策に到達していく創造的な営みと言うことができます。

各段階について、事例を挙げて説明する紙幅がありませんので、拙著『先生のためのやさしい教師学による対応法』を参考にしていただければ幸いです。教師学講座ではそれぞれの段階についてトレーニングをしていきます。

教師が「プロセスコンサルタント」の役割をとる相談活動

相談活動には個別とグループとがありますが、ここまでに紹介した教師学の態度と技法はどちらにも活用できます。「能動的な聞き方」はどのような場面でも基礎になります。また、教師が相談活動をするときには「わたしメッセージ」で現実原則をはっきりと伝えて、子どもと共に考えていかなければならない場面が多くあります。

個別の相談では、第Ⅲ法の六段階を踏みながら、問題解決をしていくことができます。教師学では「プロセスコンサルタント」と言い、講座にはトレーニングもあります。

事例を使って、流れを説明してみます。友人関係で悩んでいる中二の生徒（S）です。

S「授業中、先生が黒板のほうを向いているときに、筆箱や教科書をまわされて遠くに行ってしまうんです。必ず返してくれるから大げさにしたくないし、先生に言うのも嫌だし……」

T「授業中にいたずらされるのが嫌なんだね。道具がなくなっては困るよね」

S「そんなことされてて、授業に集中できなくなるのが困るんです」

T「君は、授業に取り組めなくなることが問題なんだね」（欲求を明確にするための援助）

S「一緒にふざけてて、成績が下がったらヤバイんです。ギリギリだから……」

T「ある程度の成績をとっておきたいと思うんだね」（欲求を明確にするための援助）

……………

T「考えられる解決策としてどんなことがあるだろうか」（解決策を考え出すための援助）

S「今の席がよくないので、替えてもらいたい」

T「席を替えてもらうと解決しそうなんだね。それから、他にはどうだろう」
S「まわされていいのはシャーペンだけにする。教科書なんかはだめ」
…………
T「じゃあ、一つ一つについて検討してみようか」（解決策を検討するための援助）
…………
T「解決策の中で、やれそうなものはどれかな」（解決策を選択・決定するための援助）
S「シャーペンだけならいいけど、ほかにいろいろされたら、席替えをしてもらうように頼みます」
T「それをするために準備することはあるかな」（解決策を実行するための援助）
S「担任に席替えを頼むようになったら、もう一度相談に来ていいですか？」
T「そうだね。いずれにしても一週間くらいしたら、様子がどうかを話しに来ないか。また考えてみようよ」（解決策についてふりかえるための援助）
S「はい。わかりました」

教師学について、さらに詳しく知るために

＜文献で詳しく知りたい方は＞

・トマス＝ゴードン　一九八五『教師学』近藤千恵他訳　小学館
・近藤千恵　一九九三『教師学――心の絆をつくる教育』親業訓練協会
・高野利雄　二〇〇〇『先生のためのやさしい教師学による対応法』ほんの森出版

＜教師学講座や講演会に参加したい方は＞

教師学講座には基礎講座、一般講座、上級講座があります。

すでに設定されている講座や講演会については、親業訓練協会（電話０３―３４０９―８３５５）にお問い合わせください。ご自分たちで講座や講演会を設定なさりたい方は、親業訓練協会または教師学インストラクターに直接ご連絡ください。

＜地域の教師学研究会などに参加されたい方は＞

・九州地区教師学研究会（インストラクター土岐圭子　keiko-toki@k7.dion.ne.jp）

・サポ＝教師学の会（インストラクター高野利雄　ttkn@jcom.home.ne.jp）

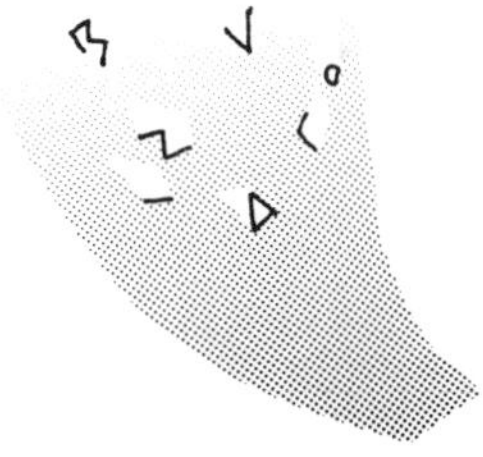

6

表現療法（スクリブル・コラージュ・箱庭）

長坂　正文

東京福祉大学教授　臨床心理士

表現療法って、こんなものです

「表現療法」とは、主にクライエントが何らかの言語的・非言語的「表現」をすることにより、これが治療的に生かされていくものです（ここでいう「言語」とは言語面接の言語ではなく、小説や俳句等において使用される言語の意味です）。

従来、「芸術療法」とか「アートセラピー」と呼ばれてきましたが、山中（一九九九）により、「芸術療法」では美的なものを追求するという姿勢をとってしまう危惧があるという配慮から、この「表現療法」という言葉が採用されてきました。筆者もこれを支持しておりますので、このような表記にしたいと思います。

この中でも、今回は、「スクリブル」「コラージュ」「箱庭」を取り上げ、学校場面での活用という観点からご紹介します。

さて、この表現療法ですが、歴史的には比較的新しく、心理療法として確立させたのはナウンバーグ(一九六六)の「スクリブル」とカルフ(一九六六)の「箱庭療法」が初めと言われています。表現療法の上位概念である「遊戯療法」まで考えますと、アクスライン(一九四七)の「遊戯療法」も挙げられますし、あるいは、箱庭療法の前身であるローウェンフェルト(一九二九)の「世界技法」まで遡ることができるかもしれません。

次に、表現療法の意義ですが、子どもは発達過程にあり、自分の心(体験・考え・気持ち等)を言語で表現することが得意ではない場合が多いと思います。特に、何らかの問題を抱えた子どもは情緒的混乱に陥っており、よりそうであると思います。そこで、言語面接の代わりとなったり、補うものとして、表現療法が考案されてきたのです。

その機能的特徴としては、子どもの心の表現の他、カタルシス(情緒的解放)を挙げることができます。また、表現を通した「心の作業」が展開していきます。この作業は、イメージを使用することが多いため、半ば無意識的、あるいは自律的に行われたり、展開していくことが多いのです。

では、三つの技法の概要を順に紹介します。

まず、スクリブルは、ナウンバーグが考案した、いわゆる「なぐり描き」です。方法は簡単で、白い紙(A4判かB5判程度)に、鉛筆でこちらが「ぐるぐる描き(一筆書きか、曲線の組み合わせ)」をして、子どもに「これに何が見えるか」を問います(やり方は、筆者なりにオリジナルをアレンジしています)。そこで、子どもは何かを見いだして描き(たとえば、犬とか、魚とか、山など)、その後クレヨン(色鉛筆・クーピー)で彩色します。

時間的には、数分でできます。これを、二枚、三枚と実施してもよいでしょう。完成した作品については、「これは犬だね。どんな犬?」などと尋ねたり、「なかなかかわいい女の子だね」などと感想を伝えてもよいでしょう。

次に、コラージュは、ピカソやブラックの作品に代表される美術でいうところのそれと同様ですが、六つ切りか八つ切りの画用紙に、適当に切り取った写真、絵、文字などを自由に貼り合わせて、一つの作品をつくります。はさみとのりが必要です。また、素材は数種類の雑誌や広告・カタログなどを用意しておきます。

実施場面では、こちらは、子どもが黙々と切り貼りするのを見ているのですが、ときどき「何を切ってるの?」「すてきなのがあったね」などと自然に話しかけることができますし、そこから自然なおしゃべりができることもあります。制作時間は、三〇分から一時間で収まることが多いと思います。できあがれば、作品の説明や感想を求めます。

また、「同時制作法」といって、子どもと同時にこちらも並行して作品をつくるという方法もあります。これですと、お互いに無理にしゃべらずに、黙々と作業していても時間を過ごすことができるというメリットがあります。

もう一つの箱庭をご紹介します。箱庭は、カルフにより考案されたのですが、縦五七センチ、横七二センチ、高さ七センチの砂箱(六分目程度の砂が入れられており、側面と底面は青く塗装されています)の中で、砂を造形したり(山、川、池等をつくる)、動物・人間・樹木・乗り物・建物等のミニチュアの玩具を適当に置いて、一つの作品を構成するものです。制作時間はコラージュと同様で、三〇分から一時間くらいでしょうか。

基本的には、子どもに任せ、こちらは少し離れたところから眺めていて(観察という態度ではなく、「寄り添う」という態度が大切です)、口出しはしません。完成したら、「どんなところができたのか」を説明してもらいます。こちらからも感想めいた言葉「なかなかすてきなものができましたね」「これはすごいですね」「こんなところでのんびりしたいのかな」などを伝えても結構です。その後、記録のために写真を撮っておきます。この写真は、子どもが同席した状況で撮る人と、子どもの退室後撮る人とがいます。

表現療法の相談活動への生かし方

三つの技法のどれも非言語的なので、どんな子どもにも適応できますし、説明もほとんど必要としないでしょう。緘黙傾向にある子どもや自己表現が苦手な子どもに向いているのはもちろんですが、言語表現が豊かな子どもであっても、補助的に働くだけでなく、意外な一面が表現されたり、新たな気づきが生じることもあります。

したがって、いずれの技法も面接の導入時だけでなく、継続した使用ができます。言語面接を継続している子どもの場合、途中で取り入れてみることも意味があるでしょう。また、時間が五〇分なり、一時間なり、きちんと確保できるのであれば、前半に表現療法を実施し、後半を言語面接としてもいいと思いますし、あまり固定的にとらえずに、たまに表現療法を実施するということでも結構です。

また、中でもスクリブルは、引っ込み思案の傾向が強い子どもに対して、面接の導入時に向いているように思います。それは、他の二技法と異なり、こちらからの働きかけ(ぐるぐる描き)

から始まるからです。たとえば、緊張して黙っている子どもに対して、「ねえ、緊張してるようだから、リラックスするようにお絵かきしてみようか」と言って導入してみてもよいでしょう。

実際に、ある緘黙傾向の小学生女児に実施したところ、すぐに反応（うさぎを見いだしました）し、描画・彩色に熱心に取り組んだだけでなく、面接者とすぐにうち解けて自然に話ができるようになった（まずは当然、うさぎの話からですが）例があります。また、高校生くらいになりますと、非常に熱心に描画・彩色し、一つの作品として完成度の高いものにする子どももいます。

このように、彼ら・彼女らは、自分の興味・関心があるもの（そこに子どもの心が投影されていると考えることができます）を表現するわけですから、当然、その作品をめぐって話ができます。

次に、コラージュを活用した事例をご紹介します。

ある、不登校の男子はおとなしく自己表現が苦手で、筆者が何を尋ねても、首を傾けて「うーん」「さあー」の連発ばかりで、ほとんどしゃべることができませんでした。そこで、何回目かの面接でコラージュ（筆者は、コラージュのセットを一つのバッグに入れて持ち歩きます）に誘ったところ、黙々と作品に取り組み、驚いたことに非常に豊かなものをつくりました。雄大なアルプス山脈があり、鳥が飛び、自動車もある、スケールの大きな作品でした。このコラージュが気に入った子どもは、この後もいくつか作品をつくりました。どの作品もスケールの大きな夢のある作品でした。

この子とは、コラージュのアイテムをめぐっていろいろと言葉を交わしました。「このロケットはどこに行くのかな？」「銀河系を出て行く」「この鳥は？」「世界のあちこちを飛んでいる」等。すると、次第に、自分自身のことも言語で表現できるようになりました。

次は、箱庭です。実は、箱庭は、他の二技法のように手軽には始めることができません。用具を整えるのにお金がかかりますし、保管する場所も必要です。しかし、これらのデメリットを補って余りあると思いますので、筆者としては強くおすすめします。

では、活用例をご紹介します。ある不登校の高校生女子に言語面接でしばらく会いました。しかし、何が問題なのかなかなか見えてきませんでした。ある回で箱庭を実施したところ、「大蛇に飲み込まれそうになっている女の子」を表現しました。これにより、そのイメージが訴えているものをダイレクトに理解することができました。この子どもは、母親に愛着を求めると同時に、自分が飲み込まれてしまうという恐怖を抱いていたのでした。子どもがいわゆるよい子であると、このような母親に対するネガティブな気持ちはなかなか言語では表現できません。しかし、これを機会に、このような気持ちを面接で取り上げて、語り、次第に整理することができるようになりました。

こんな例もあります。最近は、小学校や中学校にも箱庭が設置されているところが増えてきましたが、ある小学校の通級指導教室の例です。多動で暴力的な男児に対し、週に二回、通級指導教室にて箱庭を継続しました。すると、その中で、衝動性・攻撃性の高い戦いが繰り返し表現されました。それが回を重ねると次第に収まっていき(「死と再生」等の象徴的な表現もなされましたが)、現実場面でも次第に落ち着いていきました。

これなど、子どもの存在があるがまま受け止められ(これまではいつも叱られていた)、変化がもたらされたと思われます。このように、箱庭は空間的に限定されているため、子どもと担当者の双方が「守られている」ということがうまく作用すると考えることができます。

表現療法の活用のポイントと留意点

三つの技法に関して、活用のポイント・留意点を思いつくままにいくつか挙げておきます。

① 適用は、三つの技法とも小学生から高校生まで可能です。ただし、箱庭は、小学校低学年ですと、作品とはならずに箱の中で遊んでおしまいとなること（これはこれで結構です）が多いと思います。

② 子どもの自由な表現にこちらはついていく（見守る、寄り添う）こと。よけいな介入はしないことです。だからといって、子どもを一人にしておくなんてことは言語道断です。

③「守られた時空間」を提供すること。学校の中でこれを確保することは難しいと思いますが、できるだけ意識してください。五〇分なり一時間なりが、誰にも邪魔されずに子どもに与えられるとしたら、その意義はおわかりいただけると思います。

④ 無理に表現させないこと。表現しない自由を認めること。また、箱庭で、表現することがあまりにもつらそうだとか、ネガティブな表現が出すぎるような場合は、こちらから止めること（子ども自身ではコントロールできなくなっているので）も必要です。

⑤ 子どもが楽しむことは大切ですが、必ずしも楽しいとは限りません。たとえば、被虐待児が表現する戦いは楽しいかどうか考えればおわかりでしょう。ですから、「楽しかったね」「また楽しく遊ぼうね」などと「楽しい」を強調すると、子どもはつらくなります。

⑥ 表現は子どもと共に「味わう」こと。次に、「へえー」「すごいね」「かわいいね」「強そうだ

ね」「怖そうだね」等の感想程度を口にして、子どもの反応を待ちます。

⑦ 子どもが説明できないときは、子どもの心情・状況を考えて、こちらから「○○だね」「○○かな？」などと声をかけます。すると、子どもはうなずくか、首を振ります。こちらの共感度が高くなればなるほど、子どものうなずきが増えることでしょう。

⑧ 表現の解釈は慎重にすること。いい意味で子どもの心の琴線に触れるような言葉であれば、伝えてもよいと思います。たとえば、「これを見ていると、あなたが本当に人に対して細やかでやさしい心をつかっていることがよくわかるよ」などという感じです。

⑨ 象徴の解釈は自分の中にとどめておくこと。子どもには伝えないほうがよいと思います。たとえば、「(マンダラ表現から)心の安定を希求する円構造だね」とか、「(グレートマザー表現から)飲み込む母親なんだね」とか、そのまま伝えたのでは、かえって弊害のほうが大きいかもしれません。解釈は、「いつ、何を、どの程度」伝えるかということが非常に難しいからです。これが子どもにとって有効に働くためには、ユング心理学だけでなく、心理学全般、象徴、宗教、人類学、芸術などの幅広い知見と経験が必要となります。

⑩ スーパーヴィジョンを受けること。これは何も表現療法だけに限りませんが、我流は危険です。スーパーヴィジョンを受けて、自分のかかわり、子どもの表現について検討してもらうことは必須です。これがなければ質の高い援助はできないと思ってください。スクリブル、コラージュ、箱庭と、後になるほどこのスーパーヴィジョンの必要性は高まります。特に箱庭は、スーパーヴィジョンなしでは実施しないほうがよいと思います。

表現療法について、さらに詳しく知るために

表現療法について学ぶことができる研究会等は、全国に数多くあると思います。すべてを取り上げることは不可能ですので、ここでは筆者がかかわっているものを中心にご紹介させていただきます。

東海箱庭療法研究会は一九七三年創立の研究会で、箱庭を中心に、年に七回ほど名古屋市内で研究会を開いています（問合先：〒４４６-００１７　愛知県安城市大岡町荒神11　東海箱庭療法研究会事務局　長坂正文）。また、学会としては、日本箱庭療法学会、日本芸術療法学会、日本遊戯療法学会をおすすめします（年一回の大会の開催と研究誌を発行しています。入会・参加はそれぞれの学会事務局にお問い合わせください）。

次に、書籍をご紹介します。

スクリブルについては、これだけを詳しく取り上げた書籍はありませんので、山中康裕（一九九九）『心理臨床と表現療法』（金剛出版）をおすすめします。この中には他に、スクリブルから発展した「ＭＳＳＭ（相互ぐるぐる描き物語統合法）」や他の描画・箱庭等も載っています。

コラージュについては、森谷寛之他（一九九三）『コラージュ療法入門』（創元社）が手頃かと思います。技法の解説から事例研究・理論研究と幅広く書かれています。もう一冊挙げるとすれば、杉浦京子他（一九九二）『体験コラージュ療法』（山王出版）で、こちらは具体的なコラージュについて数人による対談風のコメントが詳しく載っています。

さて、箱庭については、何と言っても、まずは河合隼雄編（一九六九）『箱庭療法入門』（誠信

書房）をご覧ください。わかりやすいだけでなく、数ある本の中でバイブル的存在です。事例も豊富です。次に、おすすめしたいのが、平松清志（二〇〇一）『箱庭療法のプロセス』（金剛出版）です。これは、学校教育相談との関連、基礎研究、事例と幅広く書かれています。

一冊だけですませたいとお考えの方には、森谷寛之（一九九五）『子どものアートセラピー――箱庭・描画・コラージュ』（金剛出版）をおすすめします。これ一冊で三種類の技法が載っています。どれもわかりやすく内容も濃いものです。

もう一冊だけご紹介したいのは、弘中正美（二〇〇二）『遊戯療法と子どもの心的世界』（金剛出版）です。これは、箱庭を中心とした遊戯療法について、筆者の豊富な経験と知見を一冊にまとめた珠玉の書です。何度も、深く読み込んでください。

「分裂病者がおずおずと引いた一本の線も、芸術家が描いたタブロォも哲学的には等価である」――「枠付け法」「風景構成法」を考案した希有な精神科医・中井久夫先生の言葉です。この意味を噛みしめることができる方は表現療法に向いていると思います。

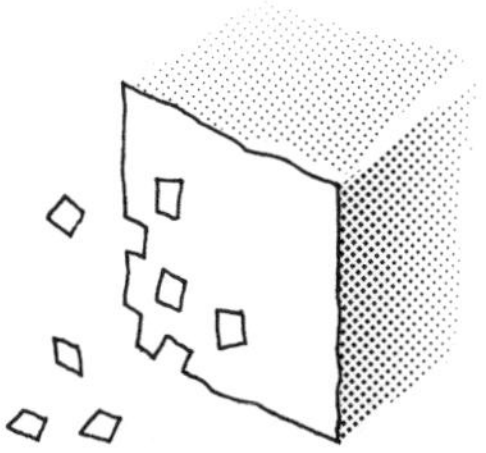

7

セルフ・カウンセリング

生井　修

元公立中学校長

セルフ・カウンセリングって、こんなものです

セルフ・カウンセリングとは、一人でできる、書く・読むカウンセリングです。子どもたちがカウンセラーに話を聞いてもらうのではなく、子どもたち自身が自分で書いて、読み返すことによって、自己発見や他者発見をして、問題を解決していく方法です。子どもたちは、親や先生や友達との日常生活でのかかわりの中で、腹が立ったり、くやしく思ったりします。あるいは、その反対にうれしかったり得意に思ったりします。そのようなマイナス感情やプラス感情の生じた生活場面を取り上げて書きます。

書くと言っても、多くの先生方がやっている日記指導とはちょっと違います。子どもたちが書

いていくと、ひとりでに気づきが起こるようになっている特別のワークシートを用います。一定のルールに従って書いていくのです。「記述段階」や「洞察段階」や「関係別洞察段階」というステップに分かれています。子どもたちは、このフローチャートに導かれながら、書いていきます。そうすると、いつのまにか、自分の思い込み（既成概念）から自由になって、自分と相手を再発見することができるようになります。セルフ・カウンセリングは、子どもの交流能力を育てることをめざしています。

セルフ・カウンセリングの歴史

セルフ・カウンセリングは、今から三六年前に、渡辺康麿氏（立正大学心理学部教授）によって創案されました。

渡辺氏は自宅を開放して、自分の歴史を振り返る自己形成史分析という方法を若者たちに手ほどきしていました。ところが、お母さん方から子どもについて相談を受けることが増えていきました。お母さん方は、子どもに対して不満や不安を感じ、どうしたらよいかと聞いてきたそうです。そこで、渡辺氏は、自己形成史分析をもとにして、セルフ・カウンセリングという簡便な方法を創り出したのです。

このセルフ・カウンセリングによる大人の自己発見運動は、カルチャー・センターや公民館などを拠点にして、全国に広がっていきました。新聞や雑誌、テレビやラジオに再三再四取り上げられました。さらに、セルフ・カウンセリングの通信教育講座が開かれ、一〇万人を超える人が、セルフ・カウンセリングに取り組むようになりました。

学校教育とセルフ・カウンセリング

セルフ・カウンセリングは、癒しのためのカウンセリングではありません。子どもたち自身が自らの問題を発見し、自らの解答を創り出していくことのできる自己発見学習法なのです。「生きる力」や「生きる意欲」を育てる、すべての教科学習の基盤となる新しい学習方法なのです。したがって、道徳教育、特別活動、総合的な学習、進路指導などには、すぐに応用できます。

国語学習の中での活用

たとえば、セルフ・カウンセリングの方法を国語学習法として活用することができます。物語文の読み取りの学習では、まず、自己発見読みをします（主観読みとも言います）。ここで、子どもたちは、物語の一文一文に対して自己表現し、自己理解をし、自己受容していきます。次に、他者発見読みをします（客観読みとも言います）。他者の表現を通して他者理解をし、他者受容をしていきます。つまり、登場人物の心情や作者の意図を、物語に即して読み取っていくのです。どの教科の学習であれ、まずはじめに、子どもたちが教材に対して抱く思いをありのままに書き表すことが、何より大切です。

他の領域の中での活用

セルフ・カウンセリングを道徳教育や特別活動や総合的な学習などの授業で、あるいは、進路指導で活用するような場合には、渡辺氏が開発した『自分を発見するワークペーパー32』を使うと、学習効果が上がると思います。特にその中の「くやしかったストーリー」は、道徳教育や特別活動の最適な教材になります。また、「自己形成史づくり」は、総合学習や進路指導の適切な教材になります。

セルフ・カウンセリングの相談活動への生かし方

その1　高校生に、より深い反省をうながしたいとき

高校三年生の幸子さんは、つっぱっていました。幸子さんは理科の授業中にも、大きな声でおしゃべりしたり、教室の床に寝そべっていたり、携帯電話をイタズラしたり、化粧したり、理科室内の水道水の栓を開き放しにしたりして、いろいろと授業妨害を続けてきました。また、先生がやめるように注意すると、反抗的な態度をとっていました。そして、卒業も間近に迫った一二月、学校から、今までの行動を改めない限り留年にすると通告されました。そして、反省したことを原稿用紙一五枚にまとめて提出するように言われました。

非行を繰り返す幸子さんのことで、大島さん（学校教育相談員、セルフ・カウンセリング受講経験者）から私は相談を受けました。そこで、幸子さんが深い反省をして、一五枚の反省文が書けるように、私は大島さんに次のような方法を伝えました。

① 先生への不満を解消するために、最初はトーク・カウンセリングをして、彼女の話を十分聞くこと。

② 先生に対する抵抗感（嫌悪感）を取り除くために、「セルフ・カウンセリング」を取り入れること

③ 幸子さんがとった授業妨害や先生に対する反抗などを、項目ごとに分類して、時間の順に整理すること。その際には、場面記述用紙を使い、幸子さんがとった行為を左側に書き込み、右側にその行為について、どんなことを思ったかを、心のセリフで表現すること。

先生に対する抵抗感（嫌悪感）を取り除くために、「セルフ・カウンセリング」に取り組んだ場面の記述（抜粋）

大島さんは、幸子さんの気持ちが落ち着いた頃を見はからって、セルフ・カウンセリングを導入しました。以下は、幸子さん自身が書いたものです。

【状況説明】北島先生から職員室に呼び出された。私は、まわりくどい先生の話にイライラした。

【場面記述】

私は「課題は何をやればいいの」と言った。先生は「その前に、なんでこんなに点数が下がったと思う?」と聞いた。私は「う〜ん。うるさくしていたから?」と言った。私は〈なんとなく、イライラするな〉と思った。先生は「そのことについてどう思う? みんなに迷惑かけたと思わない?」と言った。私は〈たたみかけてくる言い方だ。新任のくせに偉そうな態度だな。腹が立つな〉と思った。私は「そんなまわりくどい言い方しないで、さっさと課題を教えてくれない」と言った。先生は「迷惑かけたことは何とも思わないの?」と言った。私は〈ああ、やだ! もういやだ! 声も聞きたくない〉と思った。私は「みんなには、申し訳ないと思っている。だから、今は静かにやっているじゃん」と言った。先生は「今、静かにやっているのはわかってる。だけど、今までみんなに迷惑かけてきたこと、ほんとうにわかったの?」と言った。私は〈ムカつくな〉と思った。

〜略〜

幸子さんは、場面記述をしてから、自分や相手の読み返しをしていきました。その結果、幸子さんは、自分が担任の先生のすべてを拒否していたことに気づきました。さらに、先生が、幸子さんに対してほんとうに反省してほしかったのだ、ということにも気づきました。先生にとって、幸子さんの態度がいやでたまらなかったことにも、彼女自身が気づいたのです。

セルフ・カウンセリングに取り組んで、今までつっぱっていた幸子さんは、素直になっていきました。まず、友達に迷惑をかけていたことに気づきました。同時に、自分がとってきた授業中の態度についても、自分のいたらなさを深く反省するようになりました。そして、批判していた先生に対して、本心から謝罪できるようになりました。それらの経緯を「一五枚の反省文」にまとめて、無事、高校を卒業していきました。

その2　中学生をピア・カウンセラーとして育てたいとき

セルフ・カウンセリングによって、ピア・カウンセラー（仲間カウンセラー、ピア・サポーター）を育てることができます。子どもたち同士が、自分と友達との違いに気づきながら、本音を語り合えるような関係づくりをしていきます。

トーク・カウンセリングが成立するためには、カウンセラー自身が自己理解・自己受容ができなければなりません。カウンセラーが自己理解・自己受容できてはじめて、クライエントに対する共感的理解をすることができるからです。カウンセラーが、クライエントに対してマイナス感情を抱いたとき、カウンセラーは、すぐに自分自身をセルフ・カウンセリングする必要がありますす。カウンセラーが、セルフ・カウンセリングをすることで、クライエントに対する自分のマイナス感情がどんな感情であり、どんな欲求からきているかをつきとめることができると、そのマイナス感情から自由になり、クライエントに対して共感的理解をする可能性が生まれます。

ピア・カウンセラー日記

記入	Ｈ１５年５月２２日
氏名	遠藤　忍

◇友達の相談を受けて、ひっかかりを感じたことを、取り上げて書いてみましょう。

【場面状況】

１年生のＦ君（学級委員）の相談を受けた。Ｆ君は小学校のとき、自分がいじめにあったことや、今、学級がうるさくて困っているという話をした。Ｆ君の話の中で、「人権」という言葉が気になった。

【場面記述】

相手が言ったこと、したこと（私が見たこと、聞いたこと）	私が、思ったこと、言ったこと、したこと
①Ｆ君は「人権のことを、授業参観でやってほしい」と言った。	
	①ぼくは「道徳ね」と言った。
	②ぼくは〈道徳で学級を変えられるかもしれない。
	③　でも、みんなが聞く耳を持つかな〉と思った。
	④ぼくは「うちの担任は、道徳に力を入れているよ」と言った。
②Ｆ君は「授業参観だと親が来る。	
③　だから、みんなも真剣に人権の授業を受けると思うんだ」と言った。	
	⑤ぼくは〈授業参観か〉と思った。
	⑥ぼくは「うん。そうだな」と言った。

【場面記述による発見】

自分の欄を読んで気づいたこと	相手の欄を読んで気づいたこと	自分と相手の欄を読んで気づいたこと
・①で、Ｆ君は“人権の授業”と言っているのに、ぼくは“道徳の授業だ”とかん違いしている。そして、みんなが聞く耳を持つかなと心配している。 ・⑥で、Ｆ君が授業参観でやって欲しいことに気づいている。	・Ｆ君は、人権のことをみんなが考えれば、静かにしてくれると思っているのではないか(①)。 ・どうしたら、みんながしっかりと考えてくれるか、Ｆ君なりに考えている(②)。	・自分は道徳の問題と、とらえていたけれど（自分①）、Ｆ君は人権の問題と、とらえている(相手①)。 ・自分は深く考えていなかったけれど（自分③）、Ｆ君はしっかりと考えている（相手②③)。

【場面洞察】

相手			
No.	関係	感情	欲求
①	Ｆ君→先生	希望	人権に目覚めさせて欲しい
②	Ｆ君→学級	確信	人権についてしっかり考えて欲しい
③	Ｆ君→学級	希望	人権についてしっかり考えて欲しい

自分			
No.	関係	感情	欲求
①	自分→道徳	興味	道徳をやって欲しい
②	自分→道徳	希望	学級を変えて欲しい
③	自分→みんな	疑問	聞いて欲しい
④	自分→担任	信頼	道徳を教えて欲しい
⑤	自分→Ｆ君	感心	うまくやって欲しい
⑥	自分→Ｆ君	確信	実行に移して欲しい

【場面洞察による発見】

自分の欄を読んで気づいたこと	相手の欄を読んで気づいたこと	自分と相手の欄を読んで気づいたこと
・道徳の授業で、みんなが変わるかどうか疑問に思っている（③)。	・みんなに人権に目覚めて欲しいと思っている（①)。 ・みんなに人権について考えて欲しいと思っている(②③)。	・みんなに考えて欲しいと思っていることは同じ。 ・自分は道徳の問題として（自分①～④)、Ｆ君は人権の問題として考えて欲しいと思っている(相手①～③)。Ｆ君の考え方の奥には、いじめの経験があるのかもしれないと気づいた。

以下の記録は、相談活動をした後、セルフ・カウンセリングによって振り返りをした、ピア・カウンセラーの遠藤君（中学三年生）の例です（別紙参照）。

遠藤君は、自分と相談者のF君との共通点や、自分の思い込みに気づくことができました。遠藤君が発見した共通点は、二人とも学級の仲間のことを考えているということでした。でも、遠藤君は、F君が「人権」の話をしたとき、自分が「道徳」に関心を持っていたので、「人権」の話を「道徳」の話と勘違いをしてしまいました。

遠藤君のように、自他の共通点や相違点がはっきり見えてきて、初めて共感的理解が生まれます。

その3　子もたちをストレスから解放したいとき

子どもたちの中には、親の期待を受けすぎてストレスを感じている子が見受けられます。そんなとき、振り返りの時間や放課後のわずかな時間を使って、簡単なセルフ・カウンセリングをすると、ストレスが解消されて、子どもたちが元気になります。

セルフ・カウンセリングの活用のポイントと留意点

子どもが抱いたマイナス感情を、いかに表現させるかがポイントになります。自己表現することが苦手な子がいます。そういう子に対しては、プラスの思いも、マイナスの思いも、自分にとってかけがえのない大切な思いであることを伝えます。

セルフ・カウンセリングの方法で、一行書けば、一行自由になれるのです。子どもたちが、どんな思いを書いても、それをそのまま受け止めてあげることが、何よりも大切です。

また、みんなで書いたときには、小グループをつくって発表し合う時間を取り入れます。そして、発表が終わったら必ず、発表した子に、みんなで拍手をするようにお願いしましょう。しかし、自分の中のマイナスの感情を、みんなの前で発表できない子もいます。発表しなくてもよい権利、発表をパスする権利のあることを告げることは大切です。いずれにせよ、指示や命令は禁物です。

セルフ・カウンセリングについて、さらに詳しく知るために

セルフ・カウンセリングについての書籍には次のようなものがあります。

・渡辺康麿編著『自分を発見するワークペーパー32』学事出版
・渡辺康麿『セルフ・カウンセリング――ひとりでできる自己発見法』ミネルヴァ書房
・渡辺康麿『子どものやる気を引き出すセルフ・カウンセリング』明治図書
・渡辺康麿『先生のためのセルフ・カウンセリング』学事出版
・渡辺康麿『教師のためのレター・カウンセリング』学陽書房
・渡辺康麿『自分って何だろう――現代日本人の自己形成』日本エディタースクール

＜セルフ・カウンセリングに関する問い合わせ先＞

生涯学習セルフ・カウンセリング学会事務局　〒215―0003　神奈川県川崎市麻生区高石四―二三―一五　電話044―966―0485（電話受付時間は月〜金の一〇時〜一七時）
FAX044―954―3516　ホームページ http://www.self-c.net

8

交流分析

今西　一仁

高知県心の教育センター指導主事
学校心理士

交流分析って、こんなものです

関係性への理解と対応を考える切り口

日常、私たちが誰かを理解するとき、その相手との関係性の中で理解しています。基本的に、人は、自分をも含めた人間との関係の中で、相手を理解し、相手から理解されると言えます。交流分析は、こうした人と人との関係性を理解し、対応を考えていく上で、有効な理論・技法です。

交流分析（通称ＴＡ）は、アメリカの心理学者エリック・バーンによって始められた心理療法です。精神分析の難解な用語や考え方のエッセンスを、親しみやすい言葉で説き明かしたことから、「精神分析の口語版」とも言われています。また、交流分析は、その名のとおり、人と人との交流（コミュニケーション）の理解に主眼を置き、適切なコミュニケーションがとれるよう援助することを目的としています。交流分析の内容は、主に次の四つの項目に分けられます。

構造分析（自我状態の理解）

交流分析では、人にはみな、内部に三つの部分があると考えます。それらは「親の自分（P）」、「大人の自分（A）」、「子どもの自分（C）」で、この三つをそれぞれ「自我状態」と呼びます。Pは幼いときに親から教えられた態度や行動の部分、Aは事実に基づいて物事を判断しようとする理性の部分、Cは子どもの状態のように本能や感情そのままの部分です。また、Pは厳しく批判的なCP（Critical Parent）の部分と養育的で他者に肯定的なNP（Nurturing Parent）の部分に分けられ、Cは生まれたままの自分に近い自由なFC（Free Child）の部分と周囲に順応したAC（Adapted Child）の部分というように分けられます。こうした五つの自我状態の内容や相互の関係について分析し、「今、ここ」でのその人のありようと関連づけて検討していくことを構造分析と言います。学校教育相談の実践においてよく用いられるエゴグラムは、これらの五つの自我状態をグラフに表して、心のエネルギーの状態が視覚的に把握できるようにしたものです。

交流パターン分析（対人関係におけるコミュニケーションの理解）

交流分析では、人は、コミュニケーションの際、P、A、Cのいずれかに主導権を与えて、相手にメッセージを送ると考えます。このP、A、Cを用いて、私たちが日常の生活の中で互いに取り交わしている言葉や態度、行動などをベクトル（矢印↓）で図にすることによって分析することを交流パターン分析と言います。

図1　3つの交流パターン

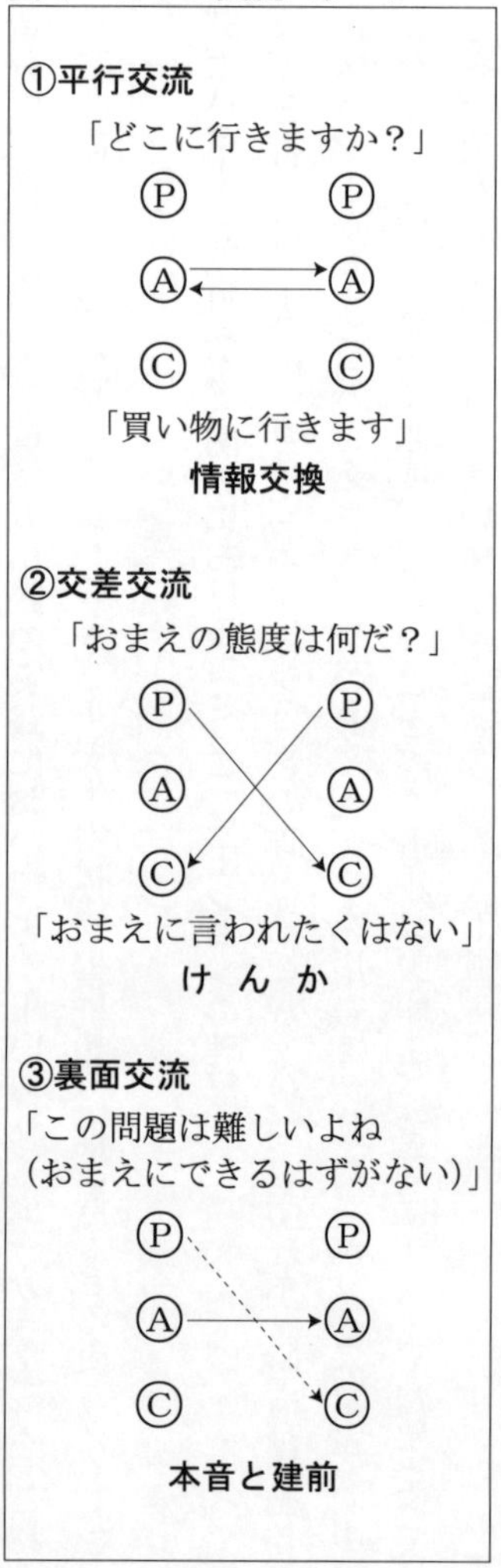
①平行交流
「どこに行きますか？」
P P
A A
C C
「買い物に行きます」
情報交換
②交差交流
「おまえの態度は何だ？」
P P
A A
C C
「おまえに言われたくはない」
け ん か
③裏面交流
「この問題は難しいよね
(おまえにできるはずがない)」
P P
A A
C C
本音と建前

交流パターンには、図1のように、コミュニケーションがスムーズに進む平行交流、予想外の反応のため交流が交差したりすれ違ったりする交差交流、おもてに表れている交流の一方で潜在的に交流が行われる裏面交流の、三つのパターンが想定されています。

交流パターン分析においては、ベクトルが平行していれば交流はとだえることなく続き、ベクトルが交差していれば交流はとだえると考えます。つまり、適切な交流を続けたい場合には、交流のベクトルを平行な状態に保ち、不適切な交流を打ち切りたい場合には、交流のベクトルを交差させればいいわけです。このように、コミュニケーションを図式化することで、自分自身のコミュニケーションのパターンや問題点や課題についての気づきを促すことができるだけでなく、その気づきをもとに対応策を検討していくことができます。

ゲーム分析（こじれる対人関係の理解と対応）

自分なりに努力しても、こじれる人間関係が繰り返される場合、よくよく考えてみると、そうした人間関係には一定のパターンが見いだされることがあります。交流分析では、このように、同じパターンで繰り返される人間関係のトラブルを「ゲーム」と呼びます。

ある人が他の存在を認めて、その認めたということをその人間に通知する行動を「ストローク」といいます。「ストローク」には、やさしくなでる、ほほえむ、ほめる、励ますなどといった「プラスのストローク」と、にらみつける、叱る、だめだと決めつける、黙っていやな目つきをするなどといった「マイナスのストローク」があります。「ストローク」は、その人がそこに存在することを認めるものであり、「ストローク」をもらうことによって自分の存在感を確認することができます。その点、すべての人間にとって、健康な生活をするために必要不可欠なものと言えます。そのため、それが不足すると、食べ物が不足したときのような飢餓感が生じます。「ゲーム」は、こうした「ストロークの飢餓」に耐えられず、「何もないよりはまし」という気持ちから「マイナスのストローク」を求めて始まります。

脚本分析（人生の早期において形成されてきた人生の脚本への気づきとそこからの脱却）

脚本とは、人生の早期に親の影響下で自分が作成し、その後の経験によって強化され、現在も進行中のシナリオであり、これが個人の人生の重要な局面において、どのように行動すべきかを決定していくと、交流分析では考えます。たとえば、一生懸命やっているのに最後のちょっとしたミスから失敗することを繰り返す人、完璧にやらないと気がすまず、ちょっとした失敗から落ち込んでしまう人など、まるで演劇の脚本があって、そのとおりに場面が進んでいるように感じられることがあります。こうした人生の「脚本」を見直し、自律的な生き方をめざそうとするのが脚本分析です。

交流分析の相談活動への生かし方

児童生徒理解・事例検討・校内研修会に生かす

理解しようとする教師の内面と切り離して、子どもの内面を、まったく客観的に理解することはできません。その点、児童生徒理解とは、理解しようとする教師の自分と、理解の対象となる相手の児童生徒との関係性についての理解とも言えます。ですから、まず、自分がどのような自我状態のパターンを持っているか、自分の構造分析を行った上で、相手の構造分析を行います。自分への気づきの経験を通して、相手のあり方に気づくことができるのです。

相手と自分との関係性の中で相手を理解するという理解のあり方について、交流分析の交流パターン分析の考え方は、児童生徒理解を考える上で多くの示唆を与えてくれます。交流パターン分析の目的は、まず自分自身のあり方について理解を深め、それと並行して、自分が他人にどう対応しているか、他人は自分にどうかかわってくるかについて観察する方法を学ぶことにあります。これによって、自分の対人関係のあり方を、そのとき、その場の状況に応じて、今までよりも意識的にコントロールできるようになるのです。

また、子ども同士の間で、あるいは教師が子どもや保護者と対応する場面でトラブルが繰り返されている場合は、「ゲーム」の存在を検討してみます。

たとえば、図2のように、担任の教師が、担任する子どもの勉強や生活態度について、「こうしたらどうか」と助言を与えると、子どもは教師の話は聞きますが、その一つ一つに対して、「はい、でも……」と反論して、どれも実行に移そうとはしません。教師は親身になって子どもの役に立とうとしますが、最後まで感謝の意を表さない子どもの姿を見て、首をかしげることになります。表面上は助言に対する応答という、教師のAと子どものAとの交流ですが、結果的には両者は不快な感じを抱いて交流が終わります。

図2　ゲームにおける交流パターン

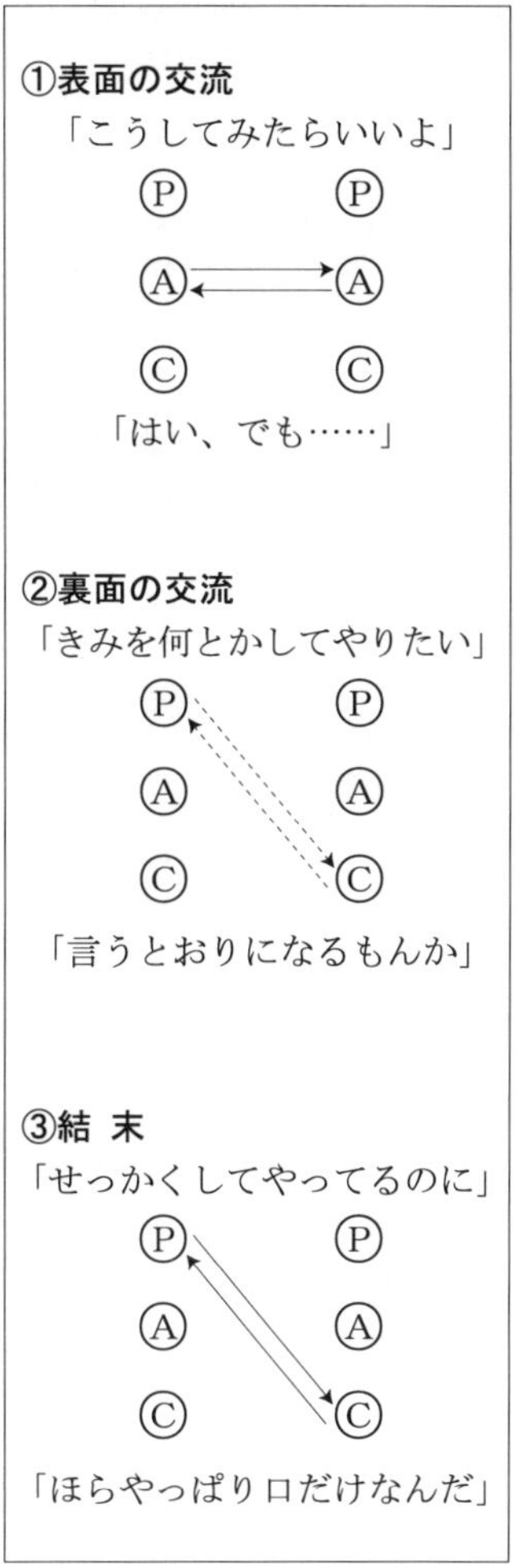
①表面の交流
「こうしてみたらいいよ」
P P
A A
C C
「はい、でも……」
②裏面の交流
「きみを何とかしてやりたい」
P P
A A
C C
「言うとおりになるもんか」
③結 末
「せっかくしてやってるのに」
P P
A A
C C
「ほらやっぱり口だけなんだ」

この交流を教師に焦点を当てて見ると、『きみを何とかしてやりたいと思っているだけなんだ』のゲーム」と言えます。教師のほうは、相手を一生懸命援助しようとしますが、その裏には図2の②のように、優者が劣者を助けるのは当然との思い（CP）があり、それが子どものACを刺激して素直に受け入れられません。また、子どもの側に焦点を当てて考えると、『はい、でも……』のゲーム」と言い、交流の裏には、教師のCPからのアプローチは決して受け入れまいとする子どもの固い意思表示が潜んでいると考えられます。そのため、③の結末では、お互いがお互いを批判し合う平行交流が続くことになります。そうしたからくりに気づいたら、Aの部分を意識して、相手の否定的なストロークに反応せず、不毛な平行交流を断つことです。

このように、人間関係がこじれがちなときは、構造分析と交流パターン分析、ゲーム分析を用いて、こじれの仕組みをつかみ、対応の仕方を検討していくことができます。私自身、構造分析からゲーム分析までの研修資料を作成し、校内での教育相談研修会で取り上げたことが何度かありましたが、参加者も興味を持ちやすく、好評でした。

子どもとの面談やかかわりに生かす

子どもとの面談や日常のかかわりは、エゴグラムを導入として用いると便利です。エゴグラムは、その人の自我状態をグラフとして視覚化しているため、子どもがどの部分を変えていきたいのか明らかにすることができるし、グラフをもとにして具体的な行動課題も検討しやすくなります。

また、エゴグラムの質問項目を見ると、そのほとんどが、「子どもや目下の人をかわいがります」といった、外から観察可能な言動に焦点が当てられていることに気づくでしょう。その点、直接エゴグラムを使わない場合も、話を聴いたり日常の言動を観察したりする中で、その子のエゴグラムパターンを頭の中でイメージし、そのイメージをもとにして、具体的な対応を考えていくことも可能です。

たとえば、ACが高いと思われる子どもに対しては、教師がCPからメッセージを発すると、よけいに緊張したりすねたりするようになります。そういう場合には、NPの部分を発揮するようにして子どものFCの部分に働きかけるよう心がけると、子どもも緊張を和らげてリラックスすることができます。また、自分や周囲に混乱がある場合は、Aの部分が他の自我状態に浸食されている状況と考えられます。まずは、自分のAの部分を発揮するよう意識すると、混乱を落ち着けることができます。

ロングホームルームや学活などの授業に生かす

学校における教育相談は、専門の相談機関とは違って、問題を抱えた子どもたちを対象とした「治す」面だけでなく、すべての子どもたちを対象とした「育てる」面へのアプローチが求められてきます。すべての子どもたちの発達を支援していくためには、「問題」を抱えた子どもに対する個別指導だけでなく、クラスなどの集団を対象としたアプローチが必要となります。その点、交流分析の構造分析や交流パターン分析は、資料化しやすいだけでなく、子どもの認知や行動を扱うために心理的抵抗を招きにくく、集団を対象とした授業にも十分活用できます。

進路カウンセリングに生かす

交流分析は、基本的に人間関係に焦点を当てた理論・技法ですが、「今、ここ」での行動や認知に焦点を当てており、気づきをもとにして、今後の行動課題についての具体的な検討ができるという点で、子どもの自発的な気づきを重視した解決志向型の進路カウンセリングに生かすことができます。

次ページの表1は、進路選択の情緒的側面に焦点を当てた進路不決断と自我状態(エゴグラム)との関連をもとに作成したものです。私の所属校では、これらの理論をもとに、エゴグラムを取り入れた進路カウンセリングプログラムを作成し、進路選択に向けた援助に活用しています。

交流分析の活用のポイントと留意点

活用の対象を考えると、構造分析、交流パターン分析あたりまでは、中学二、三年生頃から活

表１　自我状態と進路不決断との関連

ＣＰが高い	ＮＰが高い	Ａが高い	ＦＣが高い	ＡＣが高い
理想を持って進路を追求しようとする姿勢があるが、それにこだわり、現実の進路決定を延期したり、現実の自分とかけ離れた理想を持ったりして、葛藤が生じやすい。	周りの人間関係を大事にして、進路を考えていくことができる。Ａが低いと、自分より他人のことを心配しがちで、自分のことがおろそかになることもある。	自分だけの思い込みだけで進路を考えず、自分の置かれている現実を踏まえ、進路の情報やデータをよく分析した上で、進路選択を行うことができる。	将来のことを楽観的に考えがちで、くよくよ悩まない。Ａが低いと、そのときの気分や好き嫌いで進路選択を行うなど、軽率なところがある。	進路について人の言うことをよく聞くが、自分に自信が持てない傾向がある。Ａが低いと人の考えに影響されたり迷わされたりしていたずらに不安になりがちである。
現実と理想との葛藤が少なく、ストレスはたまりにくいが、進路目標を決めて努力することが苦手である。「まあいいか」と現状に流されがちで、のんきな傾向がうかがえる。	他者肯定感が弱く、周囲の人間関係の中で進路を考えていくことが苦手である。Ａが低いと、進路選択の過程で人間関係の調整がうまくできず、適切な進路の選択・決定が難しい。	自分の置かれている現実に関する情報やデータを参考にすることが少なく、思い込みが強い。また、計画性や判断力が弱く、何年か先を見通して、進路選択・決定を行うのが苦手である。	周囲からは真面目に見られるが、自分に自信が持てず、周囲に影響されやすいため、自発的に進路の選択・決定に取り組むことが苦手。その分、ストレスがたまりやすい。	自発的に進路選択に取り組もうとする姿勢と自信がある。ただ、Ａが低いと、自分で進路を考えようとするあまり、人の意見を聞かず、自分の思い込みが強くなりやすい。
ＣＰが低い	ＮＰが低い	Ａが低い	ＦＣが低い	ＡＣが低い

用できると思われます。エゴグラムだけならば、小学校低学年用・高学年用（千葉テストセンター　電話03―3399―0194）が開発されており、小学校からも利用できます。

交流分析を活用するときには、分析することは相手よりも上に立つことであり、ときとして操作的なものにもなるということを自覚することが必要です。そうならないためには、分析を行うときには、「何のために分析しようとするのか」という目的をはっきりさせることです。

また、人間関係についての分析は、自分への「気づき」が前提となります。自分が今、どういう心の状態にあるのかと意識することから始まります。自分への「気づき」を通して他者への「気づき」が深まるのです。相手を変えようとしても関係性が変わらないときは、こちらのかかわり方を変えていくほうが、より建設的なものになることを肝に銘じておく必要があります。

交流分析について、さらに詳しく知るために

交流分析は、テキスト（杉田峰康『教育カウンセリングと交流分析』、新里里春他『交流分析とエゴグラム』、杉田峰康他『ゲーム分析』、杉田峰康他『脚本分析』、桂戴作他監修『自己成長エゴグラムのすべて』）や学習ＤＶＤも発行されており、そうした教材を通して、自学自習ができます。本稿でも、こうしたテキストを参考にしました。詳しく学びたい方はぜひ活用してみてください。

なお、これらの資料はチーム医療（電話03―3945―0771）を通して購入することができます。ホームページ（http://www.iryo.co.jp/）も利用できます。

9

アドラー心理学

和井田　節子

名古屋女子大学准教授

アドラー心理学って、こんなものです

アドラー心理学は、教師をはじめとする対人援助職にとって大変有用です。特に人間関係トラブルに威力を発揮し、集団をとても心地よいものにつくり変えていきます。私の実践経験でも、アドラー心理学を教育の場で用いると、問題行動は減り、子どもたちの関係もよくなります。教師が口うるさく注意する必要がなくなっていき、自分たちで課題を乗り越え始めます。アドラー心理学は、もともと問題解決志向なので、相談場面でも元気の出る面接になります。そんなふうにアドラー心理学を使いこなすようになるのは大変なんじゃないかと考えてしまいそうですが、そもそも試行錯誤の中で学ぶことを奨励している実践型心理学なので、まさに「案ずるより産む

がアドラー」なのです。

私もまだまだ未熟ですが、それでもアドラー心理学に出会ってから、ますます教師や相談の仕事が好きになりました。問題解決の勇気を身につけた子どもたちは、社会にも能動的に参加し、健全な社会を支える一員となっていくでしょう。ここでは、教育や相談の場に生かせる理論のいくつかをご紹介します。

アドラーは、こんな人です

アルフレッド・アドラーは精神科医でした。一八七〇年、ウィーンで生まれました。最初のころはフロイドのグループでしたが、やがて違う理論を立てて独立します。

彼は、当時としては珍しく、人はみな平等という意識を持っていて、男も女も、大人と子どもも対等で平等であると主張しました。差別のない国をつくろうと政治にも興味を持ちましたが、たび重なる戦争や革命の中で政治による改革に絶望し、育児や教育に期待します。だからアドラーの理論はとても実践的で、教育に関係が深く、平等で争いのない幸せな世界をめざしています。

彼は、第一次世界大戦後の社会の混乱を見て世界初の児童相談所をたくさんつくり、問題を抱える子どもたちや親、教師の相談に当たりました。学校を支援し、セラピストを養成し、公開カウンセリングなども行いました。学校とかかわりを持ちながら、アドラー心理学は洗練され、つくられていきました。その中でアドラーは、人間が幸せになる方法を追求したのです。

しかし彼はユダヤ人だったため、第二次世界大戦のナチスから逃れてアメリカに渡り、一九三七年に亡くなりました。

めざすは「共同体感覚」の育成

アドラーは、人間の基本的欲求の一つに「所属欲求（集団の中に居場所がある）」を位置づけました。孤立の極みで自殺する人がいるように、これは時として生存欲求よりも強いものです。人は今いる集団に受け入れられたいと願い、その一員であることを求め、そのために行動します。

アドラー心理学では、相互尊敬・相互信頼を基本とした協力原理による、健康で能動的な社会参加の姿勢を「共同体感覚」と呼び、その育成を目標としています。「共同体感覚」のある人は、自分のことが好きだし、他の人たちや社会を基本的に信じることができるし、他者に貢献し他者からも必要とされていると感じています。同様に私たち教師が生徒たちによる幸せな学級をつくろうと思うとき、「共同体感覚」を持った将来の市民を育成したいと思うとき、アドラー心理学の中にそのヒントがたくさんあります。アドラー心理学のめざすところと、学校教育の目標は一致しています。それが、この心理学が学校で力を発揮する理由の一つです。

「目的論」──行動の目的を探る

アドラー心理学では、人は目的に向かって行動する、と考えます。多くの場合、行動している本人はその目的に無自覚です。原因よりはその行動の目的を考え、それに適した対応をします。たとえば、人間関係は「注目関心を得る」「権力闘争を仕掛ける」「復讐する」「無気力無能力を装う」の四つの段階を追って悪化します。

教室の場面で考えてみましょう。新しいクラスでは、教師も子どもも、自分が大切に扱われ居心地よく過ごすことを願います（所属欲求）。子どもにとって、教師が自分を大事にしてくれるかどうかは、クラスでの居心地と関係しています。しかし努力しても教師から大事にされるのが難しいと感じた子どもは、不適切な目的を設定し、行動を開始するのです。次ページの表にそのパターンと対応策をまとめましたので、参考にしてください。

三つのライフタスク「仕事」「友情」「愛情」

アドラーは、人は「仕事」「友情」「愛情」の三つのタスク（課題）を達成しなければならない、としました。これらの三つともうまくいくと安定しますが、一つでも欠けると、社会的存在である人間はそれだけ不幸になっていきます。逆に一つがうまく動き始めると、他のタスクにもいい影響を与えることも少なくありません。

「仕事」は、所属集団や社会への貢献を意味しています。子どもにとっての勉強は、育てた能力を社会に返していくために行うので「仕事」です。学級での係、家での家事分担、ボランティア活動も、集団への貢献であり立派な仕事です。

「友情」は、周りの人たちとのいい関係を意味しています。他者への関心、共感、協力などが必要になります。それはやがて自分の国や世界で何が起こっているかを知り、適切に行動する力にもなっていきます。

「愛情」は、大人の場合は愛と結婚になりますが、これは子どもの場合「家族愛」と位置づけていいでしょう。

問題を抱えた子どもたちは、たいていこれらのタスクのどれか、場合によってはすべてがうまくいっていません。これらのライフタスクのどれが欠けているのかを頭に入れて、それを補うつもりで援助すると、解決に向かって動き始めることが多いのです。

表　教師と子どもの人間関係悪化の４つの段階（ドライカースによる）

目的	子どもの不適切な行動（とねらい）	教師の反応	叱られたときの子どもの反応	子どもの行動に対する教師の適切な対応
注目・関心を得る	・教師のそばでいろいろ話しかける ・ふざける ・騒ぐ ・泣く ・怠ける **（教師から特別扱いされたい）**	・憎めないけれどうるさい ・たびたび注意する ・同情する ・子どもに多くの時間をとられると感じ、いらいらする	・しばらくはその行動をやめるが、すぐにまた同じ行動を始める ・別の目立つ行動をする ・不満気にやめる	・子どもの不適切な行動に注目せず、適切な行動に注目する ・子ども自身が解決しなければならないことを冷静に話す ・特別サービスはせず、別に時間をとることを提案し、子どもが大人と本当に話をしたいときには耳を傾け、何を言いたいのかよく考える
権力闘争を仕掛ける	・従わない ・頑固で強情 ・しばしば議論になる ・言ったことの反対をする ・よく嘘をつく ・仕事を断る **（場を支配して所属感を得たい）**	・腹が立つ ・周りの子どもに悪影響があると感じる ・子どもに力づくでも言うことを聞かせたいと感じる ・子どもを正せない焦りを感じる	・さらに挑戦的になる ・別な場面でもぶつかる ・仲間を集めて抵抗してくる ・自分が一番強いことを確信し、自分のやりたいことをするようになる	・闘争の土俵から降りて、本人がどうしてもやりたくないことは教師が無理にやらせられないことを認める ・責任を伴う、そして理にかなった選択肢を与える。「今○○をすると△△といういいことがあるけれど、○○をしなければ××という悪い事態になってしまいます。どちらを選びますか」 ・別な場面で肯定的に接する
復讐する	・破壊的な行動 ・不道徳な行動 ・他者を傷つける ・暴力暴言 **（所属を拒絶されたことへの仕返しをしたい）**	・他者の力や権力を借りて罰する ・傷つく ・脅威を感じる ・嫌悪する ・その子と接することを避ける	・エスカレートする ・脅す ・好きなときに登校したり、いなくなったりする ・外の不良グループとつながる	・行動を自分への当てつけと受け取らない ・復讐を避ける ・子どもの行動から離れ、客観的になる ・大人に仇をうちたくなるほど子どもを傷つけない ・子どもの傷ついた感情を丁寧に扱う
無気力無能力を装う	・いつも寝ている ・何を言っても反応がほとんどない ・勉強も仕事もやろうとしないし何も協力しない **（所属をあきらめ何もしないことを決意）**	・子どもにかかわることをあきらめる ・子どものやるべきことを代わりにやってあげる ・この子の「やります」は信頼できないと思う	・さらに引きこもる ・受け身になる ・新しいことをやろうとしない ・何の進歩もない ・心の交流を拒否する	・間違っているかもしれなくても、子どもが少しでもやりたいと動き出したことを援助する ・子どもが成功を体験できるまで課題をやさしくし、根気強く力をつける手助けをする ・子どもと一緒にいることを楽しもうとする ・関心を伸ばそうとする

アドラー心理学の相談活動への生かし方

〈例1〉相談に「目的論」を使って対応する

子どもが親の財布からお金を盗む、という母からの訴えです。小遣いから返してもらうことにして小遣いを渡すのをやめ、レシートとおつりを母に戻すように命じて必要なお金に関しては渡すことにしましたが、財布からの盗みはなくならず、レシートの金額も怪しいと言います。

話を詳しく聞くと、子どもが母への復讐としてお金を盗っている可能性が見えてきました。そして今は、レシート攻防戦が母子の権力闘争になっているのです。そこでまず、母に家庭での現金管理を徹底してもらいました（権力闘争の土俵から降りる）。小遣いの金額は話し合いで決め、それ以外で親が出費する範囲を明確にして、レシート提出をなくすことを提案しました。結局、服も小遣いの範囲内で買ってもらうことになり、それができる範囲の金額が設定され、それ以降盗みはなくなりました。

〈例2〉不登校に「三つのライフタスク」を使って対応する

不登校の子どもに家事分担をさせるようにお願いし、彼女は風呂の用意をすることになりました（「仕事」タスク達成の援助）。風呂の用意をしなかったときは、みんなシャワーで我慢します（必要とされる体験）。ただ、口で頼まれたときは母が代わりにやりました（言葉で伝える訓練。後の「友情」タスク達成のときに必要となる）。学校からは、遠足のしおりの表紙を描いてもらうよう頼みました（「仕事」タスク達成の援助）。そのうち、放課後、学校に来ることができたので、教師はそれをとても喜び、温かく受け入れました（「愛情」タスク達成の援助）。別室登校が始まりました。教師は勉強を教えながら（「仕事」タスク達成の援助）、教室に入れないと自分を責める子どもに、やろうとしている努力の尊さを伝えました（「愛情」タスク達成の援助）。しかし、どうしても友人ができないと悩んでいるので、挨拶のしかたや話題のつなぎ方など、人間関係をつなぐコツを教えたり、練習をしたりしました（「友情」タスク達成の援助）。やがて周りの子どもの協力も得ながら、彼女は少しずつ教室に入り始めました。

＜例3＞窓ガラスを割った子どもに責任を教える

後述しますが、アドラー心理学では誰が責任を取るべきことかを考えて対応します。よくある対応例とアドラー式の対応例を比べてみましょう。まずは、よくある対応です。

「まったくもう、どうしてこんなことをするの（上から下への叱責）。ほら、危ないから下がって。怪我をするからさわっちゃだめ。ホウキとちりとりを持ってきてちょうだい（教師が片づけるという形で責任を取る）。まったくしようがないんだから。もうガラスの周りでふざけちゃだめだよ（教師が行動制限を命令）。弁償になると思うけど、金額がわかったら伝えるから家の人に話しておくんだよ（損害賠償の指示をする）」

これだと、子どもは自分の行動の責任を大人が取ってくれることを学び、叱責を受けたことで問題が解決したと考えます。将来に向けては失敗しないことが大事になります。

これがアドラー式だと次のようになります。

「あら、割れちゃったね。このままだと危ないね、どうしようか？（問題を確認させ、解決策を考えさせる）」「気をつけてね。こんなふうに片づけるといいよ。自分でやれるかな？（よりよい解決方法を提案する）」「それにしても風通しよくなっちゃったなあ、このあとどうしようか？（損害に対する責任の取り方を考えさせる）」「もう二度とガラスを割らないためには、どうすればいいと思う？（失敗から学ぶことを考えさせる）」

これだと、子どもは問題の解決方法と責任の取り方を学び、大人はそれを手伝ってくれる存在だと考えます。将来に向けては、失敗してもそれを生かすことが大事になります。

この二つのアプローチは、結論は同じになっても、子どもの気持ちと学んだことはずいぶん違います。

アドラー心理学の活用のポイントと留意点

相手を「尊敬」する

アドラーは、相互尊敬を大切にします。だから競争原理を排し、協力原理を基本にします。相談の場面はもちろん、教師と子どもにしても、役割が違うだけで人間の価値は同じなので、指示は、命令ではなく提案やお願いという形になります。関係は上下ではなく、相互交流協力関係です。もちろん子どものメンツをつぶしたり、屈辱感を与えたりしません。子どもたちはそういう体験を通して、他者を尊敬することを学びます。

「責任」を学ばせる

責任を取ることは大事です。責任を負わせないということは、その子どもを能力がないとみなし、下に見ていることになります。それは、ますます子どもを無力な存在にしていきます。また、しばしば誰の責任の問題かということが混同されるので、それも整理していきます。

やる気を導く「勇気づけ」をする

アドラー心理学では、適切な行動をとる力を勇気と呼びます。適切か不適切かは、自他の尊重、自分の行動の責任、で判断します。不適切な行動をしている人に何が適切かを気づかせ、それに向けて踏み出す勇気を育てることを「勇気づけ」と言います。どんなに小さな子どもも、自分には適切な行動を選択し実行する力があることがわかると、元気になり、やる気が生まれてきます。

アドラー心理学について、さらに詳しく知るために

＜教育や集団の中で活用したい人に＞

・ジェーン・ネルセン他　『クラス会議で子どもが変わる――アドラー心理学でポジティブ学級づくり』コスモスライブラリー
・野田俊作他　『クラスはよみがえる――学校教育に生かすアドラー心理学』　創元社
・椎名薫　『教室の中の自己チュー児――子どもの責任を育てる教育』　学事出版
・椎名薫　『あなたの学級こうしてリフレッシュ――学級崩壊しない・させない教師の対応』　学事出版

＜詳しく知りたい人に＞

・アレックス・L・チュウ　『アドラー心理学への招待』　金子書房
・R・ドライカース　『アドラー心理学の基礎』　一光社

・ロバート・W・ランディン『アドラー心理学入門』一光社

＜保護者への支援に活用したい人に＞

・坂本洲子『ねばり強い子・やりぬく子に育てる本――どうして途中で投げ出すの？』ＰＨＰ研究所

・ルドルフ・ドライカース『勇気づけて躾ける――子どもを自立させる子育ての原理と方法』一光社

・ジュネヴィエーヴ・ペインター『どうほめ、どう叱るか――子どものしつけ実践マニュアル』ＰＨＰ研究所

・バーニス・ブロニャ・グランウォルド他『家族カウンセリングの技法――家族を援助するアドラー心理学』一光社

＜研修会に参加したい人に＞

・母親研究所（代表　坂本祗木）東京　電話０４２２―４４―８７０２　ＦＡＸ０４２２―４４―８７０２　ホームページ http://www.hahaoyaken.com/

・ヒューマン・ギルド（代表　岩井俊憲）東京　電話０３―３２３５―６７４１　ＦＡＸ０３―３２３５―６６２５　ホームページ http://www.hgld.co.jp/

・アドラー・ギルド（代表　野田俊作）大阪　電話０６―６３０６―４６９９　ＦＡＸ０６―６３０６―０１６０　ホームページ http://adler.cside.com/

10

ブリーフセラピー

小林　強

東京・京華学園教育相談室長

ブリーフセラピーって、こんなものです

ブリーフセラピーが日本に紹介されたのは一九八〇年代とされますから、それから約二〇年が経過したわけです。この間、さまざまな学会や研修会でも取り上げられて高い関心を得る一方、いまだにまったく知らないという心理や教育の関係者もいるという二重構造を呈しています。たとえば、ブリーフセラピーの名を初めて聞いた人は「パンツのこと?」という反応をします。私たちのささやかな勉強会（東京の「サポ」というスペースで月一回行っています）でも機関紙を発行していますが、女性会員の実家宛に郵送したところ、家族から「アブナイ手紙が来てるよ」と言われたというエピソードが残っています。

しかし、このパンツの一種という発想は結構いいところを突いています。パンツとは下半身に着る衣服の総称ですが、これ以上小さいと冷えてしまう必要な部分だけを被う最もむだのない、シンプルでスマートなもの（エレガントだと言うセラピストもいます）がブリーフなのです。

ブリーフセラピーの命名

ブリーフセラピーの名称が初めて登場したのは一九六八年でした。命名者であるリチャード・フィッシュのねらいは、「短期に終了できる」とアピールすることで、いわばキャッチコピーのようなものだったようです。

というのは、その当時のアメリカは、ベトナム戦争の泥沼化の中にあり、心理療法のニーズが高まる一方で、経済力も低下し、現在のマネージドケアに通ずる保険制度の見直し、またさらによりよい収入を求め移動する人も多く、セラピーの短期化が求められていたからです。

それ以前からあった心理療法も、同じ理由で短期化を図って、「ブリーフ」を名乗るようになりましたが、これらは「短期化した」＋「心理療法」という意味で、「ブリーフ・サイコ・セラピー」と呼んで区別すべきだという動きもあります。命名者のフィッシュ自身も、「結果的に早く終わった」セラピーであって、短期化だけをめざしたわけではないと、後悔しているという噂もあります。

逆に、技法にこだわらないというより、使える技法なら何でも使おうという考え方のブリーフセラピストたちは、特に区別しようとはしません。ブリーフセラピーとは、セラピストの姿勢であって、技法ではないとする立場であるとも言えます。「日本ブリーフサイコセラピー学会」も、区別はしないというスタンスで一九九一年に発足し、現在に至っています。

しかし、本稿ではあえて、狭義のブリーフセラピーにこだわって、そのエッセンスを抽出し、学校教育現場での実践に当てはめたいと考えています。そして、その狭義のブリーフセラピーの中でも、基本的な三つの流派（モデルと呼びます）を取り上げます。

ブリーフセラピーの前史

ブリーフセラピー誕生の原動力となったのは、人類学者グレゴリー・ベイトソンを中心とする人間研究のプロジェクトです。これは第二次世界大戦後の退役軍人病院で精神疾患やアルコール問題に対応するために、ロックフェラー財団やメイシー財団の援助を受けて行われました。

ここでベイトソンは、問題には必ず原因があり、その原因を取り除けば問題もなくなるとする近代合理主義の直線的因果論を排除しています。なぜならば、問題とはそのように単純な構造でとらえることはできず、原因を特定しても解決できない問題が多いからです。私たちには直線的因果論のほうが身についており、問題が起きるとすぐに原因探しをするクセがありますが、それを否定することからブリーフセラピーが始まったということになります。

ベイトソンが採用したのは、近代合理主義（モダニズム）の限界を早くから指摘してきた一連のポストモダンと呼ばれる考え方でした。物理学からはスマッツの「ホーリズム」が発表されました（ここから「ホリスティック教育」などが生まれました）。システムとは要素間の相互作用にほかならないという視座を持っています。したがって、問題とは相互作用（コミュニケーション）の不調とみなされます。では、どうすれば相互作用を正常に回復できるのでしょうか。

その解決のための原理として、生物学からベルタランフィの「一般システム理論」、情報学からウィナーの「サイバネティクス研究」が応用されました。ともにシステムは異常を生ずると、元の状態に戻ろうとする自己制御性（ホメオスタシス）が働くと説明されています。問題の解決を導き出すために、この自己制御性をうまく働かせることが当初のテーマとなりました。

ブリーフセラピーの誕生

しかし、問題の解決は自己制御性だけではできない場合があります。たとえば学校での場面を考えてみましょう。トラブルを起こした子どもに対して、校則や前例を用いて指導した結果、（指導が入り）その子どもがトラブルを繰り返さなくなれば、学校の自己制御性が有効であったことになりますが、保護者が学校側の非を指摘して譲らなければ、問題はもつれます。

こうした場合、学校は方針を切り替えて、管理職やカウンセラーなどが保護者に対応します。保護者も学校側も、それによってお互いの食い違いを認め、あらためて話し合うことができるようになるかもしれません。このように、システムには、自身がいったん変化し新しいシステムとして再生する自己変換性（第二次サイバネティクスとも呼ばれる）も有しているということにブリーフセラピーは着目していますが、ベイトソンたちは、すでにそのような研究を行っていました。

さらにベイトソンらは、この自己制御性と自己変換性（あわせて自己組織性と言います）を円滑に働かせるために、コミュニケーションのあり方を重視する催眠学者ミルトン・エリクソンの心理治療法に注目しました。エリクソンの影響は大きく、ベイトソンと並んで、ブリーフセラピーの父と母と称され、神話的存在ともなっています。

やがてベイトソン自身はプロジェクトを切り上げ、そのメンバーであったジェイ・ヘイリーとジョン・ウィークランドが、ドン・Ｄ・ジャクソンを所長とするＭＲＩ（メンタル・リサーチ・

ブリーフセラピーセンターがつくられたのが、一九六八年であったというわけです。

インスティチュート）の設立に参加します。そして、このMRIの中にフィッシュを代表とする

ブリーフセラピーの発展

さて、この後、ブリーフセラピーは、さまざまな流派を生み、世界中に広がっていきました。もともとポストモダンは、西欧近代合理主義に対して東洋的な発想を持っていましたし、ブリーフセラピー誕生の頃はカウンターカルチャーの時代でしたから、ヨーガや気功なども採り入れて、動作法などのようなものも現れています。

しかし、ここでは学校で役立つという視点から、それらは個々の先生方の特技としていただくことにし、最初のお約束どおり、三つの大きな流派（モデル）を取り上げます。

第一は、本家のMRIモデルですが、「問題とはシステムが動かなくなっているか、悪循環にはまっている」との定義から、今までと違った力が働く「変化」の発生を目標にします。

第二は、戦略派モデルで、MRIを離れたヘイリーらが始めました。エリクソンの影響が最も色濃く、「解決は問題の中に隠されている」として、「問題」そのものを利用しようとします。

第三は、SFA（ソリューション・フォーカスト・アプローチ）モデルです。「解決志向」と和訳されているために誤解を招きやすいのですが、本来の意味は「解決（例外）は常に起こっており、それに焦点を当てて、強化すること」をねらいとしているのです。BFTC（ブリーフ・ファミリー・セラピー・センター）を立ち上げたスティーブ・ド・シェーザーらが開発した方法論ですが、マニュアル化されているために、日本でも最も人気のあるモデルでもあります。

これら以外ではナラティブセラピーが有名です。「人間は自分が描いたストーリーを生きる」

という定義は魅力的ですが、システムの要素ではなく、全体に働きかけるアプローチです。

ブリーフセラピーの実際

さて、ブリーフセラピーの歴史と理論はおわかりいただけたかと思います。それでは、実際の現場ではどのようなことが行われているのでしょうか。それは、アセスメントの連続なのです。アセスメントとは、状況を判断して、今後の方針を立てるための情報収集のことなのですが、ブリーフセラピーでのアセスメントは、一般の心理療法で行われるものとはかなり異なります。まず、集める情報は、問題の「原因」を求めるためのものではなく、「解決」へとつながる「変化」をもたらすような糸口なのです。これをリソース（資源）と呼びます。

このリソースをたくさん探し、使えそうなものを小出しにしながら、さらに多くのリソースを探していくというアセスメントの繰り返しがブリーフセラピーなのです。そうしているうちにクライアントがよい反応を見せたところを「ちょん」と押してやると、あとはクライアント本人が解決へと進んでいくようになるというものです。

リソースを探す場所もたくさんあります。クライアント自身が一番多く持っているでしょう。MRIモデルはクライアントが変化し始めることとそのものをリソースとして重視します。戦略派モデルなら、問題そのものもリソースと考えます。SFAモデルは問題への対処法の例外をまず探すことになるでしょう。

さらに、どのモデルでもクライアントとセラピストの面接場面や関係性は問題の解決をめぐるシステムととらえ、最大のリソースとみなします。ですから、ブリーフセラピーでも、「今・この場」を大切にし、受容や傾聴による協力態勢（ラポール）をつくることは欠かせない要件です。

ブリーフセラピーの相談活動への生かし方

ブリーフセラピーの面接

学校での面接場面に当てはめてみましょう。トラブルメーカーとして有名な子どもが相談室にやってきました。手元のデータからは病理性や虐待などの恐れはないことが確認されています。その子は自分の正当性を主張し、悪いのは周りだと言いはります。

相談員は面接システムを活性化するために受容や傾聴に努め、ほめたり、すかしたりしながらリソースを探してアンテナを鋭くしています。ブリーフセラピーを知らない人にはただの雑談をしているように見えるかもしれません。しかし、この雑談こそがリソースの宝庫なのです。

話しているうちに、相談員はその子の印象がデータと少し違っているのを感じました。そこで、席を立ちエアコンの調整をしてから、「他にも困っていることはない?」などと切り出しました。子どもの顔色がぱっと明るくなって前向きな話が多くなれば、MRIモデルの「変化」です。

相談員は子どもの話の混乱が気になりました。とりあえず話題を切り替えます。「いろいろ大変なんだねえ。頑張ってるんだねえ……ところで将来はどうしたいの?」と問いかけると、子どもは夢物語を話します。そのうち「だから今」という話題に戻り、今度は冷静に現状を見つめるようになりました。戦略派モデルなら、「今の状態のまま、その夢を実現する」というやりとりが続きます。

子どもはひたすら周囲の悪口を言っていました。ところが、よく聞いていると、周りとうまくいっているときのことも話します。相談員は「へー!」と大きくうなずいて、「そういうときって、どんな気分?」と尋ねてみました。子どもはにこにこして、いつの間にか悪口はかげをひそめました。ＳＦＡモデルの「例外」です。

ブリーフセラピーの事例

次に紹介するのは一般化した例ではなく、実際にあったケースです。もちろん、少々変化させてありますが。

高校一年生の女子。入学早々不登校気味で、今日も保健室にいます。養護教諭の話では、地元の第一志望の高校の受験に失敗、不本意入学とのこと。両親は公務員、中二の弟がいます。主訴が腹痛だったので病院へ行ったが、異常なしとの診断。それでも症状がおさまらないので心療内科に通っていました。

保健室に私も自分のことで来たふうを装って登場し、雑談に参加しました。じっくり話を聞いていると、初めは学校を辞めたいと言っていましたが、親に悪いので学校に来たいのだけどダメなんだ、と調子が変わってきました。二〇分くらいたった頃、質問です。

「学校に来るのが一番つらいと感じるのはいつ?」――「家を出るときかなあ」

「それじゃあ、一番楽なのは?」――「電車に乗るとき」

「へっ? それって……どういうこと?」――「だって、あきらめがつくじゃない」

しばし沈黙する私。そして、質問、「誰があきらめるの? 親? 電車? 学校?」

ケラケラ笑い出す生徒。「そっかあ、あたしがあきらめてたんだ!」

この後、話題はこの学校の行事やクラブ活動などに移りました。結局、この生徒はしばらくは保健室登校を続けましたが、養護教諭の援助もあって教室に復帰した後は卒業まで皆勤でした。

ここで起きていたことは、受容・傾聴をするうちに現れた「変化」に乗って、学校に来ることを前提にした話に切り替わり、「例外」が現れたところで、「問題」をコントロールできる自分を本人自身が発見したということなのです。笑い出したのは、生徒の構えが崩れたからです。

ブリーフセラピーの特色

もっとわかりやすくするために例を挙げてみましょう。ここに絡まった糸玉があるとします。絡んだ原因を探し出したらほどけますか？　絡ませた犯人を見つけたらほどいてくれますか？　ＭＲＩモデルなら糸玉を小さくゆすってみるでしょう。戦略派モデルなら一部をちょっと突いて、ほどきやすい状態にするでしょう。ＳＦＡモデルならすでに少しでもほどけている部分から手をつけて、糸玉を広げていくでしょう。

三つのモデルの共通点はここにも見られます。それは、「小さく」とか「ちょっと」とか「少し」というフレーズです。システムはその自己組織性のゆえに、小さな変化が大きな解決をもたらすと考えることが、ブリーフセラピーの語源の一つとも思えます。

最後に、リソースを探すアセスメントのコツをよく聞かれるのですが、それは「差異」に敏感であることでしょうか、と答えています。何となく変だなと感じる部分が、使えるリソースになってくることが多いのです。

ＳＦＡモデルのマニュアル化された技法でも、時間・場所・人間の違いや、問題の程度の違いなどを聞く質問が多く使われています。そこから、できるだけ「小さな、容易な、おもしろい」手段を探し出すのです。

なお、ブリーフセラピーの使える対象は、コミュニケーションが可能な相手（黙って答えないのもコミュニケーションです）なら、年齢は不問です。もともと、相手に合わせていきながら、相手のシステムの自己組織性を活性化させるのが、ブリーフセラピーだからです。

ブリーフセラピーについて、さらに詳しく知るために

ブリーフセラピーについて、さらに詳しく知るための書籍をご紹介します。

・J・K・ゼイク編　『二十一世紀の心理療法（I・II）』　成瀬悟策監訳　誠信書房
・S・ド・シェーザー　『短期療法　解決の鍵』　小野直広訳　誠信書房
・東豊　『セラピスト入門』『セラピストの技法』　日本評論社
・宮田敬一編　『ブリーフセラピー入門』『学校におけるブリーフセラピー』　金剛出版
・日本ブリーフサイコセラピー学会編　『ブリーフセラピーの発展』　金剛出版
・吉川悟　『システム論からみた学校臨床』　金剛出版
・若島孔文・長谷川啓三　『短期療法ガイドブック』　金剛出版
・黒沢幸子　『指導援助に役立つスクールカウンセリング・ワークブック』　金子書房
・森俊夫・黒沢幸子　『森・黒沢のワークショップで学ぶ　解決志向ブリーフセラピー』　ほんの森出版
・森俊夫　『〝問題行動の意味〟にこだわるより〝解決志向〟で行こう』『先生のためのやさしいブリーフセラピー』　ほんの森出版
・栗原慎二　『ブリーフセラピーを生かした学校カウンセリングの実際』　ほんの森出版

11

内観法

齊藤　優

千葉市立轟町中学校教諭
学校心理士　上級教育カウンセラー

内観法って、こんなものです

内観法は、吉本伊信（一九一六〜一九八八）によって考案された自己探求法で、森田療法と並ぶわが国独自の心理療法の一つとされています。「内観」とは文字どおり「自分の心の内側を観察する」ということで、いわゆる「反省」や「内省」と同じような意味で使われています。その内容と方法はとてもシンプルで、過去から現在までの自分自身に関する事実を、家族や身近な人々を対象として、一定の期間に区切って年代順に回想するというものです。

内観法の形態としては、内観研修所などの施設に宿泊して一週間かけて行う「集中内観」と、日常生活の中で毎日少しずつ自分を振り返る「分散内観（日常内観）」の二つがあります。形態は違っても、外界の刺激をできるだけ遮断した環境に身を置き、さまざまな雑念を払って過去の自分の物理的な事実と心理的な事実を徹底的に「調べる」という点では同じです。

内観のテーマは定型的で、次の三つです。

① 自分はその人にどんなお世話になったか（「お世話になったこと」）
② 自分はその人にどんなご恩返しをして尽くしたか（「して返したこと」）
③ その人にご迷惑をかけたことはなかったか（「迷惑をかけたこと」）

たとえば、「母」に対する小学校低学年時代の自分について、「お世話になったことは、遠足の日にお弁当をつくってくれたことです。私が喜んで食べるようにと、大好きなおかずばかりを選んで朝早くから一所懸命につくってくれました。して返したことは、肩こりがひどいというので、母の肩をしばらくもんであげたことです。母は私にありがとうって言ってくれました。迷惑をかけたことは、夜寝る前にジュースを飲みすぎて夜中におねしょして、母にその後始末をさせてしまったことです。母は翌日黙ってふとんを干してくれていました」といった具合です。

一般的には、母に対する自分を調べた後で、父、祖父母、兄弟姉妹、配偶者、友人、恩師、先輩、後輩、隣近所の人など、周囲の人々に対する自分について、年齢順に何度も繰り返し調べていくことになります。

まず「お世話になったこと」については、慣れないうちはなかなか写実的に思い出すことができないものですが、やがては次から次へと鮮明な記憶となってあふれるように湧き上がってくるようになります。それまでの、誰かに何かをしてもらっても当たり前、自分のためにしてくれるのが当然だ、といった傲慢な考え方が崩れ去り、自分がこれまで受けてきた愛情の再体験をすることができます。

また「して返したこと」をよくよく考えてみると、実はその人のためではなく自分自身のためにしたことであることが多いものです。たとえば、肩もみをしてあげたとき、自分が後でお駄賃をもらうことを期待していたり、ただ自分がほめてもらいたいという思いからの行動だったりするのです。

「ギブ・アンド・テイク」で言えば、ギブが少なく、テイクばかり。自分がたくさんの愛情や恵みを受けているのに、ほとんど何もご恩返しをしていないことに気づかされることになります。こうして人の恩を心から「ありがたい」と思い、他者に対する感謝の気持ちと喜びの気持ちが胸一杯に広がるのです。

そして「迷惑をかけたこと」では、これほどまでに愛されてきた自分なのにもかかわらず、自分さえよければといった自己本位で身勝手な考えで周囲の人に迷惑ばかりかけて生きてきた自分に突き当たり、自責感や罪悪感が強化されることになります。自分がいかに無力で罪深い人間であったかを自覚し、そんな自分でも人から大事にされ、支えられ生かされていることに戦慄さえ覚えるようになるのです。

これら三つのテーマに従って自分自身と向かい合っているうちに、気がつけばいつの間にか自分の目には大粒の涙があふれて、どうしようもなくなっていることでしょう。

なお、内観法では「迷惑をかけられたこと」についてはいっさい関知しません。自分が被害者を気取って相手の欠点や落ち度を調べ、非難してみたところで、真実の自分の姿は決して見えてこないからです。自分をかばおうとしたり、自分だけを正当化しようとしたりする姿勢は内観の妨げになるだけです。他人を責める前にまず自分自身を振り返ること、他人にあれこれと要求する前に自分自身の罪を自覚することが大切なのです。つまり、人の欠点や過ちは、本人である相手が自己洞察することではじめて改善されるのであって、自分は「迷惑をかけたこと」を丹念に調べることに専念すればいいのです。

以上のことから、内観法のエッセンスを一言で言うならば、「自分の罪の自覚と他者からの愛の自覚」となります。浄土真宗の一宗派に伝わった「身調べ」(断眠・断食・断水の修養法だそうです)から発展したこともあり、人間は罪深く、他人に多くの迷惑をかける存在であるという人間観がその根底にあると言えます。内観法では宗教的な色彩が取り除かれ、「おのれとは何か」を自分自身で静かに深く見つめ、真実の自分を探求しようとする技法として完成されているというわけです。

内観法の適応範囲は広く、内観研修所以外にも医療機関や矯正施設をはじめとして各方面で実施されており、現在では学校教育の場でも活用されるようになっています。学校で行われる内観(学校内観)は、主にクラス集団を対象とした教室内観、記録内観、簡便内観など、さまざまな方法にアレンジされた実践が報告されています。また、スクールカウンセラーが特定の子どもや保護者に対して内観法を用いた面接を実施することも行われるようになりました。

ただ、他の多くの心理技法もそうであるように、問題解決に非常に効果的なケースがある一方で、一つの技法だけで問題のすべてが解決できるような単純なケースは少ないものです。内観法にしても決して万能薬ではありませんから、他の療法や技法、たとえば論理療法やブリーフセラピーなどと効果的に組み合わせて実施するといった配慮が望まれます。特に、内観法は定型的な枠組みの中で自分を直視するわけですから、被援助者が強い病的な罪悪感を持っていたり、生育史の上で愛情をめぐる深刻な体験を持っていたりするような場合には、内観の実施そのものに十分慎重である必要があります。

少子化・核家族化が進み、コンピュータゲームや携帯電話などが浸透した昨今、子どもたちを取り巻く人間関係は希薄で狭く、表面的なものになっています。自己理解、他者理解が不十分で、家庭における親と子の関係の歪みがさまざまな社会問題を引き起こしているケースさえあります。そこには、お互いに感謝する心を見て取ることは到底できません。子どもたちが積極的に自分自身を見つめるとともに、他者との関係について考える機会を持ち、人間としての生き方についての自覚を深めることができるような指導・支援が学校に求められています。このような点からも、内観法が教育現場に今後大いに導入、活用されてよいと思われます。

内観法の相談活動への生かし方

内観法を学校での相談活動、特にカウンセリング面接の中で特定の子どもや保護者に対して用いることはきわめて有効です。自分の思い込みやとらわれ、自己中心的で偏ったものの見方から不平・不満ばかりが心を支配しているケースが多いからです。

内観を実際に体験してみることによって、幼少の頃から現在まで経験してきた家族や周囲の人々への不信感、愛情をめぐるトラブルなどが、実は自己中心的なものの見方や考え方をしてきた結果であることに気づくことになり、これまで自分が受けてきた愛情を再認識することができます。内観的思考としての「感謝する心」は、建設的な行動への意欲につながり、自分を取り巻く人間関係を改善して、問題を解決する手立てとして期待することができるのです。

さて、学校教育の中で子どもたちの活動に内観法をそのままの形で導入しようとすると、場所や状況設定の問題をはじめとして、内観への動機づけ、心理的抵抗の処理、心的外傷への個別ケアの限界など、さまざまな問題や制約が生じることになります。

そこで学校内観としては、一人ひとりが内観ノートを使って毎日少しずつ自分自身について記録する「記録内観」や、ホームルームなどの一〇分間程度を利用して自分自身を振り返る時間を持つ「教室内観」といった方法で実践されていることが多いのです。また、構成的グループエンカウンターの手法を取り入れた「簡便内観」などのペアワークも開発されています。

特に、自己理解の促進とふれあい体験を基調とした構成的グループエンカウンターによる内観エクササイズは、子どもたちの内観への心理的抵抗を軽減させて動機づけを高めることができ、内観のレベルや深さを自分の意思で自由に調節することが可能となる点で効果的です。エクササイズ後のシェアリング（体験したことや自分の感情、気づきの分かち合い）により、自分の気づいたことや感じたことを仲間と共有して自由に語り合うことで複眼的思考をすることもできます。教師にとっても実施しやすい方法であると言えるでしょう。

いずれの方法をとるにせよ、予防的開発的教育相談の視点で、子どもたちが毎日元気に生活することができるのは、自分一人でこの世を生きているからでは決してなく、両親や家族をはじめ数多くの人々に支えられてきた結果であることを認識させることが大きなねらいとなります。一見当たり前のように思えることに対して「ありがたい」と心から感謝できる心的態度を、すべての子どもたちに育てていきたいものです。

内観法の活用のポイントと留意点

学校教育の中で内観法を活用するには、子どもたちにとって心理的抵抗が少なく、自然な形で継続的に参加することができるようなプログラムを組むことが求められます。学校での内観は、それが教室内観であろうと記録内観であろうと、子どもたちが自発的な気持ちで主体的にやろうとしなければ、その意味も効果も少ないからです。よって、いかにして子どもたちに内観への動機づけを高める工夫をするかが実践上の課題となります。

内観の三つのテーマについて、「何度も何度も同じことばかりやらされている」とか、「教師から感謝する心を押しつけられている」などと子どもたちが受け止めてしまうような実践では、何の利益もないどころか、内観法の学校現場への普及定着を阻害することになるでしょう。

毎日繰り返して何度も内観し、自己を深く見つめ、自分自身を徹底的に調べるというのが内観法の本来の姿ですが、内観への動機づけが弱い子どもにとっては、内観すること自体がきわめて形式的なものとなります。そこで学校内観では、たとえ深い内観は期待できなくとも、子どもたちが「よし、自分もやってみよう」という気持ちになるようなプログラムとして構成することが重要なポイントとなります。以下、いくつかの留意点を指摘します。

内観の対象を柔軟にとらえさせる

内観法本来の「母親」から内観を始めるスタイルにこだわることなく、導入段階では「親しい友達」や「身近な人」など、子どもたちが内観の対象を自由に選択できるようなゆるやかさを持たせて実施するのがよいでしょう。内観法は、小学生から高校生までどの年齢の子どもでも実施可能ですが、それだけに内観の対象や時間配分など、子どもの発達段階や心理状態を十分にふまえた柔軟なスタイルにすることが大切です。

家庭事情や対人関係に十分配慮する

両親の離婚や死別、幼少期からの虐待体験、いじめや集団からの孤立などの諸事情を抱えている子どもがいる場合も考えられますので、子どもたちの心情や防衛機制を十分に配慮して展開する必要があります。決して内観を強制することのないようにし、常に子どもたちには「不参加（拒否）の自由」を保障しておきましょう。このことをおろそかにしてしまうと、大きく感情を揺さぶられた子どもに対する教師の介入が困難を極めることになりかねません。

本人のプライバシーを守る

記録内観では、子どもが書いた内容を教師や友達が勝手に読むようなことは「原則として一切ない」と事前に伝えておきましょう。家族や家庭生活に関するプライバシーを保護するとともに、内観した内容や自分の感情を自由に表現させることが大切だからです。これは、記録を見せ合うことをすべて制限するものではなく、特に教師に対して内観記録を「読んでもらいたい」とか「相談に乗ってほしい」といった反応が見られた場合は、親身になってその内容を理解し、事後に個別にコメントするなどの丁寧なかかわりが必要となります。

自己肯定的な視点を大切にする

「迷惑をかけたこと」は、内観法にとって本来最も重要なテーマですが、学校内観ではこれに注目しすぎるといわゆる反省会のような重苦しい雰囲気となってしまいます。子どもたちに内観的罪悪感の認識が強化されることは必要ですが、過剰反省による自己卑下に陥らないように注意します。内観の初期段階では「お世話になったこと」を中心として調べ、人々に感謝するというポジティブな面を積極的に扱い、「迷惑をかけたこと」については徐々に内省させていくように支援するのがよいでしょう。

教師自身が適切な自己開示をする

子どもたちに内観してもらう前に、教師自身が内観した内容や抱いた感情を、子どもたちに自己開示的にかつ重すぎない程度に語ることが、子どもたちの動機づけの点でもモデリングの点でもきわめて重要となります。内観法の説明を一通りしただけで、子どもに「内観せよ」と一方的に指示するような指導であってはならないのです。教師が事前に集中内観を体験しておくことで、子どもたちの内観に対する深い同情と理解、内観指導をする上での謙虚さを持つことが可能になるでしょう。

事後の個別の声かけを丁寧に行う

内観を実施した後でのメンバー全体に対するねぎらいの言葉だけにとどまらず、ワークシートなどへの記入事項や子どもたちの表情観察をもとに個々の子どもに丁寧に声をかけるなど、事後の気配りや励ましを大切にしましょう。特定の子どもに対する心理的ケアについては、きわめて慎重に行う必要があります。

内観法について、さらに詳しく知るために

内観法に興味を持ったら「百聞は一見に如かず」です。まずは自分自身で集中内観を体験してみることをおすすめします。全国各地にある内観研修所に問い合わせて、一週間じっと座ってみてください。子どもたちに内観をさせる上での自信と心の拠り所になることでしょう。また教師としての自分がこれまでとらわれていた価値観や束縛から解放されて自由になり、自分や他者をあるがままに見つめることができるようにもなります。集中内観は本当の自分自身と出会い、幸せになるための道をきっと示してくれるはずです。

また「日本内観学会」等に所属し、内観法についての研鑽を深めるのもよいと思います。

参考文献としては、数多くのものが入手できますが、そのいくつかを列挙しておきます。

・吉本伊信　一九八三『内観への招待――愛情の再発見と自己洞察のすすめ』朱鷺書房
・三木善彦　一九七六『内観療法入門――日本的自己探求の世界』創元社
・三木善彦・三木潤子　一九九八『心の不安を癒して幸せになる内観ワーク』二見書房
・川原隆造　一九九八『内観療法の臨床――理論とその応用』新興医学出版社
・石井　光　二〇〇三『子どもが優しくなる秘けつ――3つの質問（内観）で心を育む』教育出版

12

フォーカシング

天羽　和子

ABCフォーカシング・センター代表
桜美林大学大学院非常勤講師

フォーカシングって、こんなものです

フォーカシングの簡単な歴史から

心理療法の一つであるフォーカシングは、一九六〇年代に、哲学者でありシカゴ大学の教授であったユージン・T・ジェンドリンが、共同研究者と発見した理論をもとに開発されたものです。ジェンドリンたちは、心理療法が成功する場合としない場合の違いはどんなところにあるか、という疑問から、たくさんの心理療法のテープを分析した結果、意外な事実を発見したのです。それによると、成功した多くの事例は、そのセラピストのやり方によるものでなく、クライエント自身が自分とどのようにかかわっていたかにあったということを見いだすのです。成功したク

ライエントは自分の内側、つまり身体で感じられる感じに耳を傾けることができ、その身体の内側と会話をしていることがわかったのです。「自分にとって本当に必要な答えは、自分の中（身体）にある」ということです。

人は生まれたときから自分の行くべき方向性、志向性を持ち、その後、生きている限り身体で瞬間瞬間いろいろなことを感じ取っていると言われています。それらは蓄積され、必要に応じて組み合わされ、大切に身体の深くに知恵として送り込まれているのです。しかし人は、身体で感じている〝何か〟に耳を傾けることを忘れ、いつのまにか頭で考える思考を優先しがちになっているのです。

ジェンドリンは、そうした自分の持っている本来の〝知恵〟のようなものを聴く方法を考え、技術として私たちに示してくれました。忙しい社会の中で、人が生きやすくなる方法でもあります。学校生活の中でこのフォーカシングを活用することで、教師も、子どももののびのびと生活でき、また問題の早期解決に役に立つことを願っています。フォーカシングは一人ひとりを大切にするこれからの教育にもぴったりだと思います。

フォーカシングって、どんな方法なの？——簡単な説明

フォーカシングのセッションは、基本的には通常、フォーカサーとリスナーと呼ばれる人でやります。フォーカサーとは自分の内側に注意を払って話をする人、カウンセリングで言うとクライエントです。リスナーとはそれの聞き役の人、カウンセリングで言うとカウンセラー役の人です。やり方を覚えていけば一人でもできるようになります。

①フォーカシングの第一歩は「フェルトセンス（実感）」を見つけることから

私たちは困ったとき、何か未解決で落ち着かないとき、通常、頭で考え理屈を出していきます。しかし身体のどこかで、何か落ち着かない、腑に落ちない、漠然とした不安を感じていることがあります。普通それらは無視されがちですが、フォーカシングはその感じを大切にします。また問題がないようでも身体は何か感じているときもあります。

②その実感を言葉にしてみよう＝象徴化

腑の落ちなさ、それはときに胃の辺りにずし～んと鉛のように感じられるかもしれません。また、漠然とした不安感、それはときに胸の辺りに何かもやもやと重たさを伴った黒い煙のように感じられるかもしれません。この感じ、これがフェルトセンス（実感）です。こういう感じを見つけ、またそれを言葉にできたら、あなたはあなたのフェルトセンスがつかめ、その先に行くことができるのです。なぜならこのフェルトセンスは、自分の身体が感じる奥深いもの（そのときそのときにある自分の最良の知恵）の最先端のシグナルとして出てきてくれたからです。大切なことは、**どんなものでも丁寧に温かく迎え入れます。そしてその実感に挨拶するように「そこにあることに気がついたよ」と言ってあげます。私たちはこれを「そのまま認める」という言い方をします。**

③それでぴったりかどうか、共鳴させてみよう

次に、もう一度身体に聴いてみるのです。（身体にその感じを置く感じで）**「その表し方でぴったりかな?」と。身体の中でまさぐっている大切な作業です。**しばらくそっとそこにいます。そしてなんかちょっとでも違うと感じたら、**ぴったりするまで別の言い方または書き方をしてみましょう。**

④違う感じが出てくる＝フェルトシフトが起こります

共鳴の作業をすると、感じ方が**微妙に違ってきたり言葉**も変わってきたり、身体の胃の辺りの感じがのどの違和感につながったりすることがあるのです。これは身体があなたの身体中の知恵をまさぐり、一緒に混ぜて、そのとき一番いいと思われるものを探し出している作業です。感じが違ってきたのは、フェルトシフトが起こり、いい方向を見いだしてきたからです。

⑤何か出てきたら、それをいただく

④の作業をしたあと、しばらくそこにいてみましょう。そして静かに聴きたいことを聴いていくのです。たとえば、今の私にとって必要なことはどんなことだろう、って。急かさず、静かに待ってみます。それはふと身体の中から湧き出るように出て来ることが多いのです。あーそうか、とか、はっとするようなことでもあります。それが**今のあなたへの身体からのメッセージ**です。

その方法はどのように使えるの

フォーカシングは、その基本的な技法を使っていろいろな場面で応用がききます。フォーカシングの特徴は専門家だけのものでなく、誰にでも、どこでもできることにあると思います。心理療法の中で純粋にフォーカシングセッションをしたり、フォーカシングの理論を一部取り入れながらセッションを進めることももちろんありますが、心理関係以外の多くの方がフォーカシングを学んでくださっているように、その用途は幅広くあります。日常生活で、仕事上で、これからどうしたいのか、問題がいっぱいありすぎてパニックになりそうなとき、心が晴れないときなど、一時の安堵感を得られるものから、自己理解、自己援助、自己啓発、創造的活動にと、自分の一生の問題まで種々使えます。

その技法の種類もいくつかあって、心の中に、ゆとりの空間をつくり出す**クリアリング・ア・スペイス**というやり方。夢を題材にした**夢フォーカシング**。枠組みをしっかりとつくり、その中で傾聴、対人関係などに気づきを促す**インターラクティブ・フォーカシング**。**絵画や粘土を使ったフォ**

ーカシング等があります。

フォーカシングの相談活動への生かし方

これまでフォーカシングは大人のための研修会が盛んでしたが、今この有効な技法を子どもたちのためにとする動きが始まっています。筆者は、スクールカウンセラーもしているのですが、このフォーカシングを子どもたちに、また子どもたちと接することが多い大人（妊産婦を含めた保護者、保育士、教師等）に理解していただきたいと考えています。文部科学省が中学校にスクールカウンセラーを全校配置させた理由の一つに不登校生の問題があります。その子どもたち、また他の問題を抱えた子どもたちについても言えることは、成長する過程の中で、自分の心を見失い、自分と会話できない状態でつまずいているという現実です。子どもたちが立ち直るというのは、多くの場合、大人の援助を得て自分自身の声を聴き、行くべき道を探しあててからと言っても過言ではないと思います。フォーカシングは、自分と会話する技術です。問題は早い時期に解決すれば、重い問題にならずにすみます。筆者は、不登校生、いじめにあっている子ども、対人関係で悩んでいる子どもたちに、フォーカシングの技術を使い成果を上げられたと感じています。

子どもたちがいる集団、学校教育現場で使用することの効用は、**現に問題を抱えている子どもの援助**と、**問題を起こさないようにする予防的な援助**があると思います。そしてそのやり方には、①**個人を対象とするとき**と、**②集団（クラス等）を対象とする場合**があります。そしてもう一つ大切なのが**③子どもたちと日々接している大人（保護者、教師等）の安定を図ること**です。

学校での活用例

①個人を対象にするとき

早期に自分の悩み（いじめ、対人関係のつまずき、学校に来たくない）等を表現できることを目的にします。先ほどのフォーカシングの方法①から⑤を、その子どもの年齢、場所、問題を考え、適宜応用します。

学校などでは、フォーカシングという言葉を使わなくても、理論を自然に使って、自分の身体に注目してもらいます。たとえ面接ができなくても、子どもは日々の生活の中で自分の気持ちを自分でも気がつかないうちに何かしらの方法で（絵画の中、遊びの中、友達との間などで）表しているることが多いのです（象徴化）。そばにいる大人がいかにそれをキャッチするかです。大人が気づいてあげることが、子どもが自分に気づくことにつながるのです。子どもは自分が何で悩んでいるか理解できれば、多くの場合、中学生、小学生でも（三、四年生以上ならば）、自分で解決する方法を考えられるものです。

昨今問題になっている多動性、衝動性のある子どもも、自分の身体に注意を向けることによって、パニックになる前に自分の身体の変化に気づき、対応を考えられるようになったケースもあります。また、一学期に一回一〇分でもいいので、担任とクラス全員とが個別の時間を取って、話しやすい環境の中でフォーカシングを使ったかかわりをするというのも有効な方法です。

②集団を対象にするとき（時間のないときでもクラスで一斉に取り組める）

目的は、子どもたちが自然に自分と会話する技術を覚え、また今の自分の状態を知ることによって、心にゆとりを生む効果を上げることにあります。問題を抱えている子どもの早期発見にもなり、結果的に予防的な援助にもなるのです。「心の天気」「エレベーター乗り」「ネイチャーゲーム」「自分たちの樹」「心の整理（箱）」等いくつか方法がありますので簡単にご紹介します。「心の天気」「エレベーター乗り」は小学生から使えます。中学生には「心の整理（箱）」がより適切なやり方だと思います。「自分たちの樹」はどの年齢にも適しています。学校でも家庭でも気楽にできます。「ネイチャーゲーム」はご存知の方も多いと思いますが、外での活動が主になります。

これらの多くは、ゆとりの空間をつくり出す、クリアリング・ア・スペイスという技術が基本となっています。心にゆとりがないと、悩みや問題に巻き込まれ、それがストレスとなって身体にたまり、心の病気や身体の調子を崩す原因にもなります。クリアリング・ア・スペイスは、今ある悩みや問題をすべて紙に（外に）書き出していきます。それによって問題が減るわけではありませんが、紙に書いて、自分はこういうことで悩んでいるんだとわかることによって、問題から距離を置くことができ、ストレスも不思議と軽減され、しだいに対応の仕方もよい方向に向くのです。

◇心の天気（土江正司氏、伊達山裕子氏紹介）は、今の心の状態を天気で表す方法です。あらかじめＡ４判の半分くらいの大きさの用紙を用意しておきます。何か題をつけてもいいと思います。

筆者はこれを小学三年生に実施したことがあります。「心の天気」をすることによって、「自分の心がわかってきた」という子どもの声を聞き、〈では、今日一日どのように過ごしたらいいか、心さんは何て言うか聞いてみて〉という問いかけをしたところ、心さんは「今日はあまり張り切らず、ゆっくりしたほうがいいと言っています」というような返事がありました。子どもが心の状態を知って、それと会話をすることによってゆとりが出てきたことがわかります。

◇エレベーター乗りは、安全なエレベーターを自分でつくって、自分の身体の中に入れて身体の中に入ってみます。身体の中でどんなことが起こっているのか、よくわかります。

◇自分たちの樹は、自分たちで好きなように絵で一本の樹を表し、自分の気持ち（嫌だったこと、傷ついたこと等）を書いて、そっとその樹に貼っていくのです。そして、それに対してどんなことを言いたいかを書いてまた貼るのです。自分の身体から問題を離して、落ち着く効果があります。

◇心の整理（箱）（村山正治氏考案）は、どちらかというと、中学生かそれ以上の年齢に向いていると思われます。やり方はいくつかありますが、その一つは、あらかじめいくつかの箱が描いてあるＡ４判の大きさの用紙を用意しておきます。身体を感じてから、そこから出てくる問題を箱の中に入れていく作業をします。思春期の真っただ中にいて、自分でも自分の気持ちをもてあまし、また混乱している心を整理して、心にゆとりをもたせていきます。しかし、思春期の子どもはただでさえ難しい年齢ですから、あまり安易に心の中にずかずかと入ることは危険な場合もあります。とりあえず、自分の抱えている問題を整理して、心に少し空間をつくることを目的としています。

フォーカシングの活用のポイントと留意点

この活動のポイントは、個人、集団にかかわらず基本はフォーカシングです。ただし、フォーカシングという名前を使わなくても実施できます。問題の内容よりも、身体を使って、感じた実感を大切にし、心と会話をすること、それによって解決をめざすことが大きな特徴です。短時間でも効果が上がることも多いので、忙しい学校生活の中では最適です。

活動する際の留意点は、まず回数ですが、「心の天気」は毎日の日課にしてもいいですし、週に二～三回でもいいと思います。時間帯は朝のほうが向いており、慣れてくると五分から一〇分でできます。出してもらったものは先生が大切に保管します。子どもたちが、先生に守られている感覚を持てるからです。継続して実施した場合は、子どもの変化もわかります。「心の整理（箱）」は、慣れてくると一回一五分前後でできるようになります。回数は多いに越したことはありませんが、時間が取れない場合は、入学してからなるべく早くに一回はクラスで授業として実施することをおすすめします。学校によっては生活手帳の中に「心の天気」をマークで表すことができるノートを使っていますので、それとあわせて実施すると効果が出ると思います。

どの方法も一回の実施でも子どもの理解につながります。また、用紙の最後に「相談したい人は○をつけてください」と書いておきます。クラスで二～三人は丸をつけることが多いので、後の相談の際に有効です。

いずれの場合も特に注意することは、目的をはっきりさせること、書きたくない人には無理に書かせないこと、文字で書きたくなかったら、感じるそのもの（もやもや、いらいら）でいいと知らせること、絵でもいいことなどを付け加えることが重要です。

フォーカシングについて、さらに詳しく知るために

フォーカシングは理論だけ聞いていると理解が難しいけれど、経験すると「身体がわかった」とおっしゃる方が多いのです。現在は日本のあちこちでフォーカシングの研修会が開催されていますので、まず参加されることをおすすめします。詳しいことをお聞きになりたい方は筆者のほ

うに問い合わせていただくか、以下にご紹介するところにお問い合わせください。

参考書籍とお問い合わせ先をご紹介します。

〈参考書籍〉

・ユージン・T・ジェンドリン　一九八二『フォーカシング』村山正治・都留春夫・村瀬孝雄訳　福村出版

・アン・ワイザー・コーネル　一九九九『やさしいフォーカシング』大澤美枝子・日笠摩子訳　コスモス・ライブラリー

・バラ・ジェイソン　二〇〇九『解決指向フォーカシング療法』日笠摩子監訳　金剛出版

・マルタ・スタッパート　二〇〇八『Focusing with Children』（『親と先生のための　こどもとフォーカシング』［仮題］　天羽和子他訳　二〇一〇年、コスモスライブラリーより発刊予定）

〈研究会とお問い合わせ先〉

・日本フォーカシング協会：〒811―0119　福岡県糟屋郡新宮緑ケ浜一―一一―一　社会福祉法人福岡コロニー　info@focusing.jp　http://www.focusing.jp/

・ABCフォーカシング・センター：代表　天羽和子　電話・FAX03―3443―7061　kakoamaha@kuf.biglobe.ne.jp　http://abc-focusing.blogspot.com

13

サイコドラマ

堀川　真理

新潟市立高志中等教育学校教諭
学校心理士

サイコドラマって、こんなものです

「サイコドラマって何？　こわ〜い!!」。これが私がサイコドラマに出会ったときの第一印象。そして、私がサイコドラマを学んでいると言うと必ず言われる言葉です。〃サイコ〃という言葉がホラー映画を連想させるらしく、それだけ「サイコドラマ」の認知度が低いということだと思います。

そんな私が「サイコドラマ」に出会い、夢中になったのは一二年ほど前。生徒指導に悩み、教育相談やカウンセリングを学び始めてすぐのことでした。「なぜか私の周りにツッパリが寄ってくる……」という一言をサイコドラマティスト故・深山富男氏（元愛知学院大学教授）が聞き逃さなかったのです。そして「あなたはサイコドラマに向いている」とラブコールを受け、サイコドラマのグループに参加したのがきっかけでした。私の知らない世界、ものすごい感動と感激の嵐がそこにはありました。

サイコドラマの歴史

サイコドラマは一九一〇年頃、アメリカの精神科医モレノ（Moreno. J. L. 1889－1974）が始めた集団精神療法です。夫人のザーカ・モレノがこのサイコドラマを体系化し、現在、ニューヨーク州ボートンプレイスにモレノ研究所を開設しています。

日本には松村康平氏・外林大作氏らによって一九五〇年代に導入されました。私の師である深山富男氏は松村康平氏からサイコドラマを学びました。深山富男氏はその後北米に渡り、輸入したサイコドラマでなく、日本人に必要で独特なスタイルのサイコドラマを開発しました。

サイコドラマの手法

日本で行われているサイコドラマの手法には数種類ありますが、ここでは深山富男氏の考案したサイコドラマの手法を紹介します。

①監督（ディレクター）

グループ全体の責任を持ち、サイコドラマの進行や分析を行います。主役（問題を提供したい人）を募り、サイコドラマを構成していきます。

②主役

主役は日常で現実に起こったすっきりしない場面、心に引っかかっている場面を再現します。

そうしてグループ全体で感じ、考える材料を提供します。通常のカウンセリングでは、クライエントは言葉によってカウンセラーに伝えますが、ここではその問題場面を再現することによって監督やグループの他の人に伝えます。

③相手役

主役が取り上げたい現実場面の会話等の相手（たとえば生徒・同僚・夫……など）の代わりをグループのメンバーから選びます。その人を相手役として現実場面を再現します。

④補助自我

サイコドラマで取り上げられている場面で、それを見ていた観客（グループのメンバー）が、主役または相手役の気持ちを代弁します。それは想像した考えや気持ちではなく、ドラマを見ていて自然に湧き上がってきた気持ちです。言いたくなったら自由に補助自我の椅子に座って語ります。

⑤舞台

椅子を四つ用意し、二個ずつ向かい合わせま

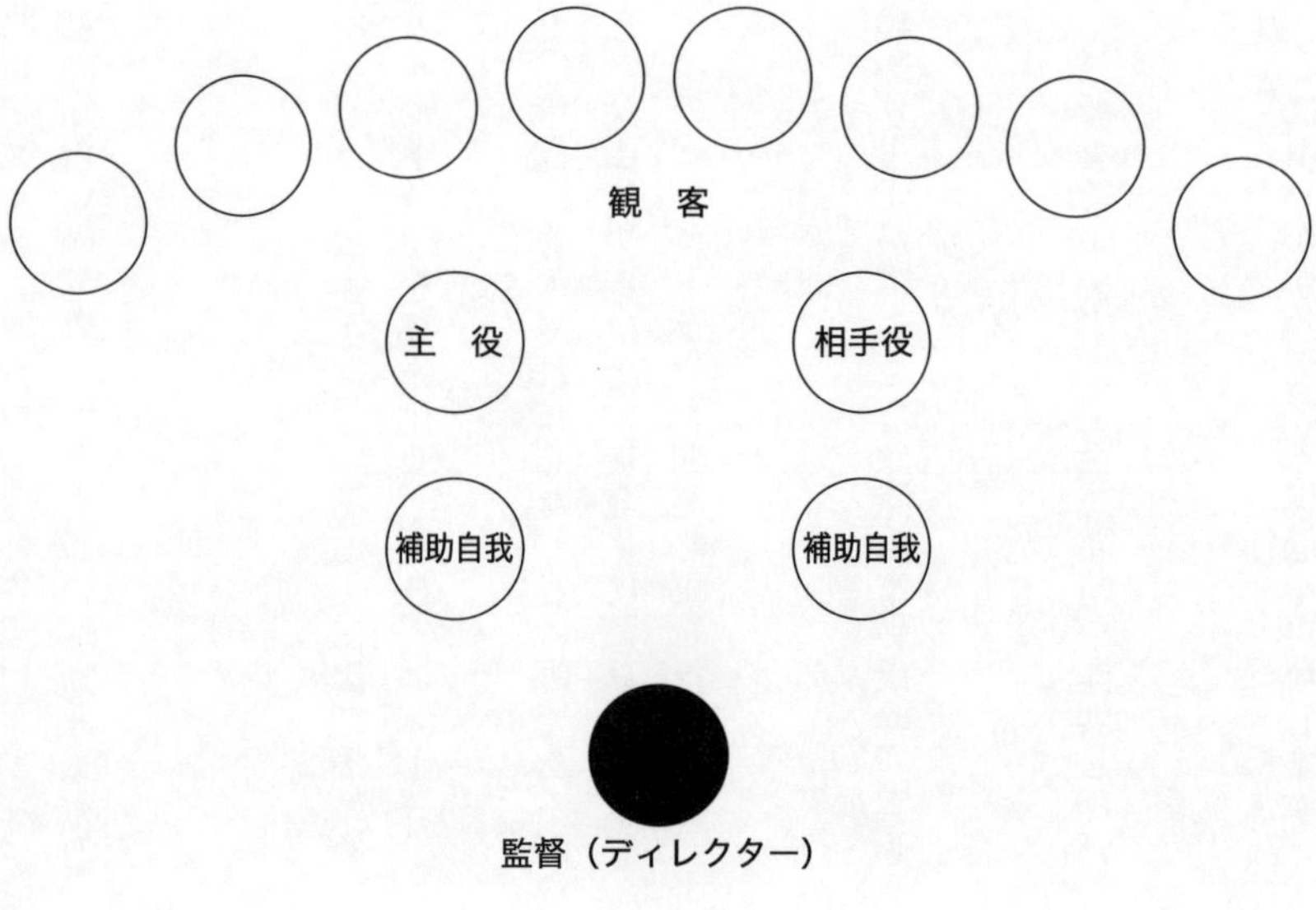

す。監督は少し下がってその間に立ちます。片側の椅子を主役側、もう一方を相手側にします。

⑥進行方法

＜現実場面の再現＞　主役が主役の椅子に座り、取り上げたい場面（具体的な時間・場所・状況など）を言葉で説明し、相手役をメンバーから選んで椅子に座ってもらいます。主役は実際の場面で会話を始めたほう（主役か相手役か）の椅子に座り、そのセリフをその人になりきって言います。相手役と椅子を替わり、相手役は主役のセリフや雰囲気をコピーします。主役は次に繰り広げられた実際のセリフを言い、またチェンジして相手役がコピーします。これを繰り返し、実際の場面を再現します。この役割交換を通して自分の気持ちや相手の気持ちをしっかりと感じることができます。

＜ドラマ化＞　不全感等で終わった現実の続きを、サイコドラマ上で行います。言いたかったこと、思ったことを主役が相手役に言います。相手役は、その相手になりきって湧き上がってきた気持ちを言葉にし、やりとりをします。観客はこの時点から補助自我としてサイコドラマに参加します。

監督（ディレクター）が進行し、終結し、その後、主役・相手役・観客でシェアリングをします。

サイコドラマの目的

サイコドラマの目的は、相手の気持ちを推し量るのではなく、参加者全員が自分の個人的な感情に没入することです。できる限りの方法を使って精一杯に自分の感情を表現して、自分がそのときに本当はどう感じていたかを再体験します。そのことによって「自分の本当の感情がわかる」↓「自己表現がしっかりとできる」↓「人の表現をしっかりとつかむことができるようになる」↓

「人と気持ちのよい率直なやりとりができるようになる」ことを目的としています。

理論先行ではなく、素朴な人と人とのぶつかり合いをドラマで体験することによって、現実場面で避けることができない対立を力強く乗り越えていく姿勢を志向しています。

サイコドラマの相談活動への生かし方

子どもの話を聞くとき（子どもから相談を受けたとき）

普通、子どもから相談を受けるときの椅子の位置は、九〇度の角度がよいと言われています。私もそんな座り方から話を聞き始めます。言葉や表情、抑揚、姿勢に集中して、話している子どもの気持ちを自分の心に写し取るのですが、子ども自身、自分の気持ちがわからない、またはどう表現してよいかわからない状態になるときがあります。そんなときにサイコドラマの補助自我の位置、つまり子どもの隣の位置に移動して、一緒に子どもの気持ちを探ります。子どもの補助自我になって湧き上がってきた感情を言葉にするのです。

そうすると子どもは「そう！　そうなんだよ先生!!」と私に飛びつかんばかりになります。自分でも探していて見つからなかった気持ちを言葉で確認する喜び。それがマイナスの気持ちであっても、いや、だからこそなおさら、わかってもらえた喜びに泣き出す子どもも多くいます。

また、感じてはいても表現を制限されがちな感情（怒り・嫉妬・憎しみ・欲望……）を、補助自我となった私にずばり言われることの爽快感。そのマイナスの感情を認めてくれるのだという安心感を子どもたちは感じるようです。つまり、本音で話してよいのだという信頼感です。

ここまで来ると、子どもたちは隠さず自分の気持ちを話してくれます。そこから解決に至るケースが多くありました。

問題を乗り越えるときの後押し

子どもたちは相談しているうちに、自分が次にとるべき行動を見いだしていきます。たとえば、誤解を解くための説明や、謝罪等です。

私は適当な部屋を用意し、二者を会わせます（子どもと子ども、子どもと先生、一人の子どもとクラス全体……などさまざまです。もちろん、クラス全体に話をさせるときには教室が最適です）。私は二者の間に一歩下がって立ち、監督（ディレクター）と補助自我の役割をします。そして交流が混乱して誤解が生じている部分についてやりとり（会話）をさせ、子どもたちは対立を乗り越えていきます。

子どもたちの言葉だけに任せると表現が足りず、その交流が不完全に終わりがちです。そこで補助自我となった私が子どもたちの気持ちを、よりわかりやすく伝わりやすく言葉を足してやるのです。お互い十分に気持ちを理解し合ったときに、和解が生じます。そして二者は対立を乗り越えることができます。

要するに、子ども同士を引き合わせて気持ちや謝罪を交換させるということですが、それが形式的にならないようにサイコドラマの手法や考え方を生かし、「中身」の充実を図るのです。

私の補助自我に支えられ、問題を乗り越えた子どもの事例

「アウ君」というあだ名をつけられて嫌な思いをしていたAが、クラスのみんなに自分の本心を言う場面です。Aをクラスの前に出しました。
A「……」
私「がんばれA！」
A「……」
私「(背中をたたいて)僕は！」
A「僕は………『アウ』と呼ばれるのが嫌です。もう呼ばないでください」(涙を流す)
クラス（びっくりしたように目を見張り、静まり返っている）
私「よく言った！　席に戻って」(Aが席に戻る)
私「(クラスのみんなに向かい) Aはね、今言ったように、『アウ』って呼ばれるのが嫌だったんだよ。でもAは、みんなが悪気があって言ってるんじゃないこと、むしろ親しみを込めてそう呼んでいることを知っているから『嫌だ』って言えなかったんだよ。でも本当は嫌だった。だから私が『嫌なことは嫌と言いなさい』と言ったの。そうしなければ、みんなはAが嫌な思いをしていることにずっと気づかないし、Aはずっと嫌な気持ちでいるって。我慢し続けるって。

Aがこれを言うのはすごく勇気がいったと思う。本当によく言った。でもね、本心は言わなきゃ。嫌なことを嫌と言わなければ、我慢しなくちゃならない。我慢すればその人のことを、そのクラスのことを嫌いになる。そんなに悲しいことはない。だって、みんなはAが好きなんだから」
Aは涙を流し、それ以降、「アウ」「アウ君」というあだ名はクラスから消えました。

適応指導学級の子どもに――サイコドラマを使った個別教育相談の事例

自分の気持ちがつかめず、どうしたらよいかを見失い、動けなくなっている子がいました。その子の気になっている場面をサイコドラマで表現させ、そのときの気持ちを確かめました。

出会ったとき、Bは泣くだけの表現しかできませんでしたが、サイコドラマを通してそのときの気持ち、「悲しい」「悔しい」「怒っている」「驚いた」「うれしい」……という、いろいろな感情を「泣く」という方法だけで表現していたことに気づいていきました。その後Bは、自分の感情にぴったりの表情・態度・言葉で表現することをし始め、確実に「自我」を育てていったように私には感じられました。卒業までに学級には戻りませんでしたが、芽生えた自我を守り育てながら、現在、高校へ通っています。

このように、学校の中で混乱している子に、サイコドラマの手法そのものを使って自分の気持ちの整頓（カウンセリング）を行うことも有効でした。

サイコドラマの活用のポイントと留意点

活用できる範囲

基本的に、大人から子どもまで、どの年代の人にも使えます。特に思春期以下の、言語表現が乏しい年代に効果的です。

学級指導として

今まで学校生活の中でサイコドラマの手法をダイレクトに使うことは稀でした。特に学級集団の開発的カウンセリングとして使うには、細部の工夫が必要だと思います。その開発をこれからの課題の一つとしています。道徳の授業の一手法としても活用が期待されます。

個別相談・カウンセリングとして

サイコドラマは、問題点を言葉だけではなく動作や雰囲気等を交えて、より共感しやすい形で展開をします。そのために、言葉が巧みではない子どもの気持ちをこちら側がしっかりととらえることができます。また、役割交換を通して子ども自身が自分の気持ちや相手の気持ちを実感を持って感じることができます。そのため、問題を抱えていて表現方法がわからない、言語化が難しい等の子どもたちへの個別カウンセリングに有効です。

しかし、このサイコドラマで展開される場面をどう分析するかの理論をしっかりと持ち、教師自身がサイコドラマを経験していないと、ただ傷を広める危険性が大きいのも事実です。種々のカウンセリング・心理療法の理論の中で、サイコドラマは「交流分析」と相性がよいと思います。

問題を乗り越えるために（生徒指導）

子どもから相談を受ける・事情を聞く・お互いの気持ちを交換するときにサイコドラマをどう生かすかは前述しました。その際に大切なことは、両者を会わせて気持ちの言葉を交換する前に、教師（仲介者・監督）が両者の気持ちに共感し（補助自我になり）、次にそれを双方に伝え、双方が十分に納得をするまで教師を通して交換をしておくことです。形式だけの話し合いや謝罪は無意味どころか有害です。実際に両者が会って言葉を交換するときには、お互いが納得できているることが肝要です。

子どもが本当に納得しているかどうかは、仲介している教師の感受性にかかっています。子どもが正直になりきっているか、本当に納得したかを、子どもの言葉だけでなく、表情・態度・間・雰囲気等すべてから感じ取ります。いかに相手の気持ちに共感できるかが鍵となってきます。私にとってサイコドラマの補助自我になる訓練が、この共感する力を高めるのに有効でした。

サイコドラマについて、さらに詳しく知るために

＜書籍＞
- 増野肇　一九九〇『サイコドラマのすすめ方』金剛出版
- エヴァ・リヴトン　一九九一『サイコドラマの技法』ナカニシヤ出版
- 氏原寛他編　二〇〇四『心理臨床大事典』培風館

＜研究所等＞
- サイコドラマ新潟　http://www8.plala.or.jp/tpn/
- ＴＡサイコドラマ研究所　http://www.jade.dti.ne.jp/~sk2/ta/
- 代々木の森サイコドラマ研修会　http://www.tky.3web.ne.jp/~yscenter/kenshuu/psycho.htm
- サイコドラマ治療グループ　http://square.umin.ac.jp/psychodrama/

14

論理療法

加勇田　修士

東京・東星学園幼・小・中・高校長
日本カウンセリング学会認定スーパーバイザー

論理療法って、こんなものです

論理療法とは？

アルバート・エリスが提唱したカウンセリングです。簡単に言うと、「物事の考え方、受け取り方を変えれば悩みは消える」、または「人の悩みは出来事そのものではなく、その出来事の受け止め方で発生する」ということになります。物事を悪く受け止める、後ろ向きな考え方をすることが悩みのもとですから、考え方や感情の持ち方をうまくコントロールすることによって、悲観的、怒り、不安、憂うつな気持ちから解放されます。

論理療法の理論はＡＢＣＤＥ理論とも言われます。

Ａ：Activating Event（出来事、体験）
Ｂ：Belief（ビリーフ、考え方、思い込み、受け取り方）
Ｃ：Consequence（結果としての感情や精神状態、悩み）
Ｄ：Dispute（問いかけ、反論）
Ｅ：Effects（効果的な考え方）

論理療法では「ビリーフ」というキーワードがとても重要になります。ビリーフとは、「ある出来事をどのように受け取るか」ということであり、その受け取り方が変化するものであったり、「こういうもの」という固定概念であったり、個人の信念であったりします。「ビリーフ」の中でも悲観的、不条理、おかしい、どちらかと言えば後ろ向きな受け取り方や思い込みのことを「イラショナル・ビリーフ」と言います（irrational は不合理と訳される）。

人がどういう感情を持つかは、出来事や体験（Ａ）そのものではなく、それをどうとらえるかによります。Ｂのイラショナル・ビリーフが、Ｃの不安、うつ状態、怒りなどを生みます。イラショナル・ビリーフに対して、「事実かどうか」「論理的であるかどうか」と問いかけます（Ｄ）。そこから導き出されたより効果的で現実的な考え方、人生観（Ｅ）がラショナル・ビリーフです（rational は合理的と訳される）。

イラショナル・ビリーフ

「イラショナル・ビリーフ」とは、ビリーフの中でも悲観的、不条理、おかしい、どちらかと言えば後ろ向きな受け取り方や思い込みのことを指します。

・事実に基づかないビリーフ（例：「すべての人に好かれるべきである」）

・論理性（必然性）に欠けるビリーフ（例：「私は人に裏切られた、それゆえ私はダメな人間である」）

・不幸にするビリーフ（例：「神も仏もない」）

エリスが挙げた代表的なイラショナル・ビリーフの種類を示します。

①失敗は許されない。事を成し遂げるためには完全無欠でなければならない。

②担任に叱られたから、私はダメな人間である。

③すべての人に愛されなければならない。

④この成績では絶望的である。

⑤人はプレッシャーで落ち込んだり腹を立てるものである。

⑥困難は立ち向かうより、避けるほうが楽である。

⑦やむを得ない過去があったのだから仕方がない。

⑧人は自分の好みどおりに行動すべきである。

⑨不幸の原因は自分のせいではない。

⑩危険が起こりそうなときは心配するのが当然である。

イラショナル・ビリーフの修正

このようなイラショナルな受け取り方を、ラショナルな（合理的な、論理性がある、前向きな）考え方に置き換えることが、論理療法の中心的な課題です。

①認知を変える（論駁法）——イラショナル・ビリーフをラショナル・ビリーフに修正（リフレーミングとも言う）

・人は完全であらねばならぬ→人は完全ではない、できる範囲で頑張ればよい（ザ・ベストに縛られるのではなく、マイベストで頑張ればよい）。
・人は私の欲するとおりに行動すべきである→私が人の欲するように行動できないように、人も私の欲するようには行動しない。
・留年しました、それゆえ、私はダメ人間です→留年しました、だから人より多くを学べました。
・人には甘えるべきではない→人の自由を奪わない限り甘えてもよい。
・人生の困難は避けるほうが得である→人生の困難に積極的に取り組むと得なこともある。

②感情に働きかける

・イメージ法――不健康な否定的感情（不安、抑うつ、怒り、羞恥、恐怖、猜疑心、羨望、絶望）を、健康な否定的感情（心配、恋しい、残念、迷惑、失望、気になる、気がかり）に置き換えるようイメージする訓練をします。どのような方法で感情をマイルドな方向に持っていくかは人それぞれでよく、習慣的に行います。自律訓練や呼吸法等を取り入れるとさらに効果的です。
・羞恥心粉砕法――恥ずかしさへの耐性をつける。あえて恥ずかしいと思う行為をやってみて、羞恥心を克服する試みです（色の違う靴下をはいてみる等）。
・自己宣言法――同じことを何度も言い聞かせる方法です。
・役割交換法（ロールプレイ）――特定の状況下という設定で、役割（ロール）を交換し、その立場で判断し、行動を演じてみることによって、相手の気持ちや状況と自分の立場を客観視できるようになります。それによって発想、態度、価値観の転換が可能になります。

③行動に働きかける

・現実脱感法――子どもが恐怖感を持っているとき、その現実の恐怖体験を恐怖感が軽減するまで何度も体験させることにより克服させようとするものです。

・強化法——子どもに合った目標を設定し、段階的に目標が達成されるごとにほめたり、得点などの正の評価を与えて（これらが強化因子となり）、子どもの行動を修正変化させる方法です。

物事を悪く受け止める、後ろ向きな考え方をすることが悩みのもとですから、考え方や感情の持ち方をうまくコントロールすることによって、悲観的、怒り、不安、憂うつな気持ちから解放されるようになります。

論理療法の相談活動への生かし方

＜事例1＞人の目が気になりすぎて不安と緊張を高めるA子

A子は、前の高校を一年の途中で中退し、翌年の春、単位制のY校に入学してきました。入学直後からクラスの集団行動についていくのに疲れ、また不登校になってしまうのでは、という不安が高まってきました。五月の連休明けに相談室を訪れ定期面接が始まりました。

第一回（五月八日）（『　』A子の発言、「　」カウンセラーの発言）

『グループの行動についていくのに疲れました。一人が好きだけど、そうすると孤立してしまうので、それもできません。給食で席が決まっているのもつらい。何を話したらいいか、合わせるのに疲れてしまうんです。前の学校もだんだんつらくなって中退しました』

「自分がどう思われているのかが気になるんだね。あなたと同じ悩みを持った人が他にもいますよ。保健室や相談室を居場所として活用しながら、何とか今をしのぎましょう」

第二回（五月一五日）～第六回（六月一九日）

『グループの中にいると、みんな軽口を叩きあっているのに、自分にだけよそよそしい。冗談を言われても返せないからでしょうか』『友達に嫌われてしまうのでは、といつも不安です』と訴えるA子の気持ちを受け止めながら（来談者中心療法）、論理療法を導入することにしました。

この場合のA子のイラショナル・ビリーフは、「すべての人に愛されるべきである」ということです。このビリーフがあるから、人に愛されないと自分はダメだ、と思い込んできました。

乳幼児だったら人の愛なしには育たないから、「すべての人に愛されるべきである」はラショナル・ビリーフです。ところが高校生の場合は、愛がなくても生きられます。たしかに愛があるに越したことはないでしょう。しかし、愛がなければ生きられないというわけではありません。したがって、A子の場合はイラショナル・ビリーフです。

A子にとってのラショナル・ビリーフは、

①まず人に愛される愛されないに関係なく、自分を愛する。

②高校生の愛情関係は、赤ちゃんのように無条件にもらえるものではなく、ギブ・アンド・テイク。努力の結果、愛してくれたらありがたいし、愛してくれなくてもともと。

③周りの目を気にする暇があったら、「自分はほんとうは何をしたいか」を自問自答し、したいことをする。

④どうしても愛が欲しければ、まず人に愛を与える。その結果として友人ができる。

以上のことを話し合い、理解してもらいました。並行して、自律訓練の練習も開始し、プラスの自己イメージを持ち、緊張やストレスの緩和（セルフコントロール）をめざすことにしました。

第七回（七月三日）～第一九回（一二月一〇日）

その後、相談部主催のサマーキャンプ（二泊三日）、コンビニエンス・ストアのアルバイトなか学校生活は続けられそうだという自信が持てるようになりました。

なかなか直りませんが、イラショナル・ビリーフの発見や修正、自律訓練の上達によって、何と

ど、少しずつ活動の幅が広がりました。悲観的なものの見方をしてしまうマイナス志向のくせは

＜事例2＞スランプが長引いてクリニックへの通院を開始したB子

死にたいほどのうつ症状を解消するためには、危機介入的な対症療法としての治療が必要です。しかし、一時的に治療の成果で回復しても、物事に対してイラショナル・ビリーフを抱きやすい認知傾向をそのままにしていては、同じことを繰り返すことが予想されます。

たとえば、B子は卒業後の進路として専門学校（英語）への合格が決まった直後、その学校のカリキュラムにあるアメリカでの長期ホームステイ（一年間）に、親も当然賛成してくれると思い込んでいました。しかし、父親は、短期（三か月間）ならば認めるという線を譲らず、B子は再び落ち込んでしまい、相談室を訪れました。

父親の不賛成という出来事（A）に対し、「父親は、いつも私の要求を受け入れるべきである」というイラショナル・ビリーフ（B）を持っていたために、怒りの感情が湧いてきたのです（C）。このイラショナル・ビリーフについて、二人で話し合いました（D）。

そして、「一般的には、短期ホームステイでも親に認めてもらえる人は少ない。長期ホームステイであるに越したことはないが、短期で実績を積むことによって次のチャンスをねらう道もある」（E）というラショナル・ビリーフに到達することができ、結果として生じた不適切な感情（C）から解放されることを確認しました。

＊事例1・2の内容は、秘密保持のために脚色してあります。

＜事例3＞「遊び型いじめ」への対応（小学校）

「遊び型いじめ」に対しては、教師の強力なリーダーシップが必要です。強圧的、管理的な方法ではなく、子どもたちにわかりやすい指導をします。集団の中で起きたことは、集団の力で解決することが原則です。並行して個別対応をします。

遊び型のいじめでは、いじめる側は「ふざけていた」という言い訳をよく使います。これに対する毅然とした指導が必要です。いじめる側がふざけていたつもりでも、いじめを受ける子にとっては苦痛であり、傷つけられた思いが残っています。子どもたちは、自分の言葉や行動が相手にどのように伝わっているかについて、自分ではよく見えていない場合が多いので修正が必要です。

高学年の子であれば、論理療法的な発想を教えます。私たちは事実の世界に住んでいるのではなく、事実をどう受け止めているかという世界に住んでいます。「○○菌」と呼んだ事実に対して、ふざけて遊んでいる世界だと思っている子どもと、傷つけられてつらい思いをしている世界にいる子どもがいます。全員が楽しんでいればふざけていることになりますが、一人でもつらい思いをしている人がいれば、それはふざけていることにはなりません。いじめになっていることをきちんと理解させます。人によって受け止め方は違うので、ふざけであるかいじめであるかを決めるのは相手であることを教えます。自分の間違った思い込みを修正（リフレーミング）する必要があるのです。

学級全体に教示する一方で、必要な場合はロールプレイの方法をとります。たとえば「無視」のいじめに対しては、この方法が有効です。まず演技者を募って無視する役と無視される役を決め、ほかの子どもたちを観客にします。演技が終わった段階で、それぞれの役割ごとに感想を言ってもらいます。次に役割を交代して無視する役と無視される役の両方を演じます。特に「いじめる子」に対しては、言葉よりもロールプレイで被害者の役割を体験させるほうが、心の痛みに気づかせる効果があります。

論理療法の活用のポイントと留意点

論理療法は説得療法なので、リレーションづくりを怠ると、精神分析でいう「抵抗」を生じさせることになります。また、知的になりすぎず、ユーモアやウイットを活用することです。感情交流を忘れると、子どもはＡＢＣＤＥ理論を使って問題を解こうとする意欲が低下することがあります。論理療法の活用に際しては、ねばり強い態度で望む必要があります。イラショナル・ビリーフの粉砕を繰り返し繰り返し求められるときがあるからです。

論理療法を活用する場合の姿勢をまとめると、次のようになります。

・能動的、指示的になれる
・欲求不満に耐えられ、自己受容が高い
・ユーモアのセンスが持てる
・実験精神があり、リスクをおかす勇気を持っている
・問題解決に取り組むのが楽しく、論理療法の知識を持っている

論理療法は、思考・感情・行動の三つの要素を組み合わせた問題解決志向の方法で、チャレンジ精神と科学的思考の態度が求められます。そして論理療法を学ぶということは、「思考がある

ところに悩みはない」という前提のもとに、肯定的であり、ピンチをチャンスに切り替えられる人間になることをめざすことです。

論理療法について、さらに詳しく知るために

学校の教師は特に「～しなければならない」「～であるべきだ」と考えがちです。このイラショナル・ビリーフを修正すると、あるいは実際に修正しなくとも論理療法の考え方を知っているだけで、ずいぶんと気が楽になります。子どもへの対応もいい方向に変わり、クラス運営や生徒指導を改善する足がかりとなるかもしれません。

論理療法は、精神分析的なカウンセリングのように深層心理（無意識）の領域を探ることなく、安全で理解しやすいカウンセリング技法と言えます。小学校高学年の子どもから活用できますので、教育現場にかかわる教師にはおすすめの技法です。きっと子どもにはもちろん、自分自身に役立つものになります。

＜実践的な論理療法が学べるワークショップ＞

・日本カウンセリング学会研修会　問い合わせ先：筑波大学教育研究科田上研究室気付　日本カウンセリング学会事務局　電話０３―３９４２―６８３３

・教育カウンセラー養成講座　問い合わせ先：日本教育カウンセラー協会　電話０３―３９４１―８０４９

＜参考図書＞

・アルバート・エリス『論理療法』國分康孝他訳　川島書店

15

選択理論

井上　千代
櫻田　智美
三好　敦子

愛媛県西予市立三瓶小学校

選択理論って、こんなものです

（理論　井上千代）

すぐに使える選択理論

私は養護教諭として、子どもとかかわって二三年。問題を抱えて相談に来る子どもはあとをたちませんでした。多くの時間を割いて相談にのり、教室に戻しても、また、しばらくしては戻ってくるという現実に頭を抱え、自らの胃がおかしくなったこともありました。

選択理論を学んだときに、これは**すぐに使える**と思いました。そして、実践することで状況はどんどんよくなっていきました。

「幸せ」とは基本的欲求が満たされること

講座で学んだ理論そのものは、とてもシンプルで、理解しやすく納得がいくものでした。アメリカの精神科医ウイリアム・グラッサーが提唱した選択理論は、**脳の働き**を、**人は、なぜ、どのように行動するか**という視点から説明しています。大きなポイントが三**つ**あり、大人から子どもまで、誰にでもあてはまる理論です。

①遺伝子の指示である「基本的欲求」

人は生まれながらにして**基本的欲求**を持ち、基本的欲求を満たすことで幸せを感じます。

・愛し、愛されたい、仲間の一員でありたいという「愛・所属の欲求」
・認められたい、達成したい、人の役に立ちたい、存在感を感じたいという「力の欲求」
・自分で選びたい、強制されたくないという「自由の欲求」
・楽しみたいという「楽しみの欲求」

これらの四つの心理的欲求に、食べたり、飲んだり、休んだりという生存の欲求（身体的欲求）を加えて五つの基本的欲求を人間は持っています。

学校、家庭でこれらの欲求が満たされている子どもは幸せを感じます。基本的欲求は誰にでもありますが、持っている**度合い**は一人ひとり違います。力の欲求の強い人もいれば、自由の欲求の強い人もいます。また、これらの欲求をどういう**方法手段**で満たすかも異なります。愛・所属の欲求を満たすことは誰にとっても重要なことです。

②　成長の過程で形成される「上質世界」

グラッサーは、「その人が基本的欲求を満たしてくれると判断した人、物、状況、信条等を脳の中の**上質世界**と呼ぶところにイメージ写真として描く」と説明しています。たとえば楽しみの欲求は同じでも、ある人は映画で、ある人は読書でと満たし方は違います。上質世界は基本的欲求と異なり、その人が選んだものなので、欲求を満たさなくなったと判断したときは別のものと貼り替えられます。子ども一人ひとりが、その子なりのユニークな上質世界を持っていると考えると、その上質世界のイメージ写真を手に入れようとして選択するその子の行動が理解できます。**相手の上質世界に何があるか**を知ることは、よりよい人間関係を築く上でとても大切です。

③人の「全行動」はその時点でのベストな選択

人の行動は**全行動**と呼ばれ、常に四つの構成要素「行為」「思考」「感情」「生理反応」がかかわっています。学校で基本的欲求が満たされないと感じ始めた子どもは、学校に行く時間になるとイヤな気持ち「感情」がして、ときにお腹が痛くなるという「生理反応」が起きます。全行動を車にたとえると**「感情」**と**「生理反応」は車の後輪**にあたり、基本的欲求が満たされている・いないを教えてくれます。

直接操作しやすいのは**車の前輪にあたる「行為」と「思考」**です。「行為」と「思考」を望む方向に向けて動き出すことで、後輪である「感情」と「生理反応」はおのずとついてきます。

親や教師はつい自分たちの上質世界のイメージ写真を子どもに押しつけ、子どもの全行動をその方向へ向けさせようとする傾向があります。しかし、**人にできることは情報の提供のみ**です。相手がその情報を受け取るかどうかは、その人との人間関係が良好であるかどうかによります。自らの願望に固執するよりも、間にある**人間関係の維持・改善に全行動を向ける**ことが大切です。子どもが自分で判断し、選択し、責任をとる能力が身につくような環境づくりをしたいものです。それによって、やがて子どもは自立した責任ある社会人となることでしょう。

幸せになる責任

脳はとてもクリエイティブで、**創造性**に富んでいるので、さまざまな方法で人は欲求を満たそうとします。健全な方法で満たせないときに、不健全な方法でも欲求を満たそうとしてしまうので注意が必要です。他人の欲求充足のじゃまをしないで欲求充足をすることが大切です。

事件を起こす人の背景をみると、身近な重要な人との人間関係に恵まれている人は皆無のように感じます。基本的欲求が**満たされない状況が続くと、人は問題行動を起こしやすくなります。**身近で重要な大人（親や先生たち）との人間関係が築けない十代の子どもたちの多くは、暴力、麻薬、セックス、精神病という罠に陥りやすいという調査結果が、アメリカでは出ています。学校が欲求充足の場になり、みんなで基本的欲求の満たし方を学び、身につけることができれば、子どもは幸せを感じるでしょう。**幸せな人は問題を起こさない**ばかりか、クリエイティブな方法で他の人の欲求充足（幸せ）のお手伝いをするようになります。

しかし、上質世界が異なると、つい自分は正しい、相手は間違っていると考え、相手を変えたくなります。そして、グラッサーが**七つの致命的習慣**と呼ぶ行為（批判する、責める、文句を言う、ガミガミ言う、脅す、罰する、褒美で釣る）をとってしまいたくなります。それを使えば使うほど関係は離れていきます。相手を外側から変えることはできません。むしろ、**七つの身につけたい習慣**（話をよく聞く、思いやる、励ます、支援する、信頼する、貢献する、友好的にかかわる）を選択することで、人間関係を近づけることが、幸せを育む秘訣です。人間関係をよりよくするための選択理論を教師や親が、子どもたちと共に学び実践するようになると、きっと理想の学校になると思います。アメリカでは、すでに一〇校以上がグラッサー・クオリティ・スクールを宣言し、二百数十校がその方向へ向かっての取り組みをしています。

選択理論の相談活動への生かし方

（学級での実践　櫻田智美）

彼女はしゃべった！

私は一つの課題を持って、選択理論を学びました。学級担任として、教室や人前で話すことができにくいAさんに、なんとか学習発表会で演技し声を出し、やればできるという**自信と達成感**を味わってほしいという願いを持っていたのです。

選択理論を学んでいく中で、**よりよい人間関係を築くことでほとんどの問題は解決**することを知って驚きました。今までの私は、彼女自身よりも、彼女の抱える問題に注目していたのかもしれません。その日から、彼女が**自ら表現したくなるような温かい人間関係**づくりをめざしました。

彼女の心の扉が開かれて、彼女の**上質世界を理解する**ことができたらと思い、放課後、いろいろなことを話題にして話をしてみることにしました。その中で、学級全体で取り組んでいる百人一首を、「Aさんもやってみない？」と誘ったときにかすかに反応がありました。Aさんとの距離が少し近づいた感じがしました。

次の日、Aさんはさっそく一〇首も覚えてきました。その次の日にも一〇首。覚えたら、他の子どもがいないときには、教師の前で声に出して言うようになりました。放課後もかかわりを続けるうちに、他の子がいても言えるようになってきました。

そして、学習発表会の練習が始まりました。その様子を**学級PTAだより「心のしずく」**（次ページ参照）に載せました。感謝の気持ちを伝えたくて。

彼女はしゃべった。自分の手でマイクを持って。
体育館いっぱいの観客の前で。

＝彼女とすてきな仲間の歩み＝

3学期になって学習発表会の練習が始まり，彼女は頑張って覚えている百人一首の読み手の役に決まった。

最初の練習で小さな声が出た。練習ごとに少しずつ声が大きくなっていった。体育館ではマイクを使うように相談。初めて鈴のようなかわいい声が体育館に響いた時，友だちから大きな拍手がわいた。

日毎に大きくなっていく声。しかし，発表会の前日から声が出にくくなる。きっとすごいプレッシャーなのだろう。そのプレッシャーを少しでも減らしてあげたい。

発表会前日，子どもたちに
「私はもし彼女が本番に声を出せなくてもいいと思っています。だって彼女に一番近い私たちが，今までのがんばりやしっかりできていたことを知っているでしょう。もし，言えないことについて何か言う人がいても，その人たちから彼女を私たちが守れるよね。」
と言うと，子どもたちは深く深くうなずいた。

その日，録音テープを用意した。小さな小さな声だけどもしも言えなかった時に流すように準備もできた。

発表会当日，朝の練習では声が出ない。他の子どもたちと彼女の声のテープを流すタイミングを打ち合わせた。

さあ本番。一人一人張り切ってとてもいい演技をしている。いよいよ彼女の出番が来た。舞台の中央に行ったが声は出ない。練習のように，私が近くに行く。すると初めて自分でマイクを口元に持っていった。「えっ，ほんと…。」そう思う間もなく「読みます。」とすずやかな声が体育館に響いた。まわりの子どもたちの雰囲気が驚きから安ど喜びに変わり，やさしく彼女を包んでくれているのを感じた。

舞台そでに帰った私は大声で泣いてしまった。次々と子どもたちが「先生，よかったですね。」とキラキラ輝く笑顔をのぞかせてくれる。おっと，まだ劇はこれからだ。「みんな思いっきりやっといで!!」
彼女のがんばりで子どもたちに拍車がかかった。一人一人がのびのびと自分を出している。最後の幕が下りた時，子どもたちへの感動と感謝で胸がいっぱいになった。
本番が一番いい劇になった。

教室に帰って「感想はありませんか」と聞くと，ほとんどの子どもたちが彼女のことについて話した。自分のことではなく彼女のことを一番に喜ぶ子どもたちに胸が熱くなった。
私は，
「みんながんばったね。彼女も本当にがんばったね。彼女が言えたのは自分のがんばりも大切だけど，今までみんなが応援してくれたからよ。本当にありがとう。」
と言うと，また泣いてしまった。

3月まであと残りわずかな日々，こんなすてきな子どもたち一人一人に心を込めてしっかりかかわっていきたいと思う私です。

保護者の皆様も本当に温かい応援をありがとうございました。
また，様々な感想をお寄せ下さい。

保健室の変化を教室へ　（学級での実践　三好敦子）

きっかけは保健室の変化でした。体調不良を訴え、元気のない様子で教室を出ていった子どもが、**短時間で笑顔で学級へ戻ってくる**ことをたびたび目にするようになりました。聞いてみると、選択理論を使って対応しているという返事でした。一生懸命指導をしていても、何か子どもとの間に距離を感じていた私にとって、人間関係をよくしていくことを基本としたこの理論に大変興味を持ちました。もし、それを学級担任として実践したら、学級の人間関係が良好になり、個々の能力も伸びるのではないかという期待感を持って選択理論を学びました。

選択理論によれば、人は自らを肯定し、自信を持つためには「愛・所属の欲求」が満たされることが重要で、**「愛・所属の欲求」が満たされると、お互いを認めることができ「力の欲求」を満たす**ことになります。そして、強制のないかかわりをすることで「自由の欲求」も満たします。さらに互いに興味を持って楽しく過ごす「楽しみの欲求」も満たすことができます。日本の子どもは、**自己肯定感が低い**と言われますが、実際に自己イメージ・自己肯定感調査をして、本学級も例外ではないことがわかりました。アンケートの上でも、身近で重要な大人、特に**親や教師との関係がいいと感じる子どもは、自分に自信を持つ**という結果がはっきりと出て驚きました。子どもが「大人から支持を受けている」と思えるかかわりが重要であることを認識しました。

まず取り組んだのは、「教師に自分の気持ちを話しにくい」と感じている子が半数近くいたので、私自身が、「批判する、責める、文句を言う、ガミガミ言う、脅す、罰する、褒美で釣る」といった七つの致命的習慣を**使わない決心**をし、代わりに「話をよく聞く、思いやる、励ます、支援する、信頼する、貢献する、友好的にかかわる」といった七つの身につけたい習慣を**使う決心**をしました。習慣を変えることは一朝一夕にしてできることではありませんが、今までと同じ対応を繰り返していては変化は起きません。意識して、子どもの望ましい行動を見つけ、認める声かけをすることを習慣にしていきました。それをときには家庭へも連絡して、保護者からも肯定的な声かけをしていただきました。一歩一歩、子どもとの距離が近づくのを感じました。

望ましくない行動――授業中、私語を始める、作業に協力しないなどの場面では、**自己評価を促す質問**をしました。たとえば、「今、騒ぐことはどう？」「今、作業をする？　それとも後です る？」といったものです。このとき、**人は内側から動機づく**と考え、声の調子と表情に気をつけて、子どもが考えやすいように配慮しています。同じ言葉でも、声と表情が変われば伝わるものはまったく違ってしまいます。**笑顔で接する**ことの大切さを痛感しています。

学級活動でも、「楽しい毎日にするために」というテーマで、数回に分けて、人間関係をよくする方法についての学習を行いました。その中で**責任の概念**も教えていきました。選択理論では「**責任とは、他人の欲求充足のじゃまをしないで、自分の欲求を満たす**」と考えます。この言葉は黒板に常時貼っています。七つの習慣についても掲示し、どちらの七つを使うか、私自身も子どもたちも毎日の生活の中で意識するようにしています。

印象的だったのは、選択理論の専門講師をゲスト・ティーチャーとしてお願いしたときのことです。最後のゲームに私自身も参加して、絶対無理だと思っていたことが、みんなのアイデアによって成し遂げられたときの喜びを一緒に味わうことができました。「こうなりたいという上質世界を描いて、それに向かって最善を尽くすこと」「笑顔を忘れないこと」の大切さを学び、それが卒業までのみんなの目標になりました。

やがて、ささいなことが原因で、よく起こっていたトラブルが、徐々に減ってきました。そして、解決も早くなってきました。**相手のせいばかりにしていた子どもが、自分の行動をどう変えれ**

ばよいのかということに気づくようになってきたのです。個人的に悩みを打ち明けてくる子も増えてきました。

実践する中で、子どもは、必ずしも結果を求めているわけではないということも知りました。「あのとき、励ましてもらったことが一番うれしく感動しました」「温かく接してもらったことが一番うれしかった」という手紙をもらって、素晴らしい結果や成績にもまして、子どもは**温かいかかわりや個人的な注目**を必要としていることを実感しました。また、関係がよくなったことで、学習にも意欲的に取り組む子が増えてきました。漢字が苦手なはずの子が、満点をめざし達成したのには驚きました。批判的で厳しい指導をしていたとしたら、このような結果は得られなかったでしょう。

卒業後、別れたばかりの子どもから電話がかかってきました。その内容は、「さよならだけで別れてしまったので、先生にきちんとお礼が言いたくて……」というものでした。子どもの言葉に感動と感謝でいっぱいでした。

選択理論の活用のポイントと留意点

私たちは、望んでいることが現実世界で手に入らないと、つい相手を変えようとして七つの致命的な習慣を使ってしまいます。「**相手は変えられない**」と考えて、まず相手の話によく耳を傾けると、**相手の上質世界**と**どの基本的欲求を満たしたいと思っているのか**が理解できます。

そして、温かい人間関係を築くことに焦点をあてて、学校が子どもにも教師にも欲求充足の場になるようにしたいものです。自ら判断して、選択して、責任をとることができる、温かい、また自由のある環境の中で、子どもたち一人ひとりが持っている、**学ぶことは楽しい**とする欲求が満たされるのではないかと思います。社会で生きていくときに最も必要とされる、思いやりと信頼が、子どもたちの心に育つ取り組みを可能にしてくれるのが選択理論だと思います。

選択理論について、さらに詳しく知るために

書籍は、『グラッサー博士の選択理論』『あなたの子どもが学校生活で必ず成功する法』『ハッピーティーンエイジャー』などがあります。いずれもウイリアム・グラッサー著、アチーブメント出版刊。

学びの場としては、日本選択理論心理学会の支部が全国に二七支部あり、研究会を開催しています。日本選択理論心理学会の問い合せ先は、電話０４６３―３３―８８１９　ホームページhttp://www.choicetheorist.com です。

愛媛県西予支部では選択理論の入門書『幸せを育む素敵な人間関係』（臨床心理士　柿谷寿美江著）を出版、好評発売中です。一冊五〇〇円（税込・送料別）。申し込み先は、eメール chiyorin@ma.akari.ne.jp　またはＦＡＸ０８９４―３４―０５６９。一冊から発送可。一〇冊で送料無料です。

＜執筆者一覧＞（掲載ページ順　2009年９月現在）

栗原《くりはら》　慎二《しんじ》
広島大学大学院教育学研究科教授

小川《おがわ》　康弘《やすひろ》
福岡県立高校教諭

仲田《なかだ》　洋子《ひろこ》
駿河台大学専任講師
臨床心理士

長坂《ながさか》　正文《まさふみ》
東京福祉大学教授
臨床心理士

今西《いまにし》　一仁《かずひと》
高知県心の教育センター指導主事
学校心理士

小林《こばやし》　強《つよし》
東京・京華学園教育相談室長

天羽《あまは》　和子《かずこ》
ＡＢＣフォーカシング・センター代表
桜美林大学大学院非常勤講師

加勇田《かゆた》　修士《おさむ》
東京・東星学園幼・小・中・高校長
日本カウンセリング学会認定スーパーバイザー

櫻田《さくらだ》　智美《さとみ》
愛媛県西予市立三瓶小学校教諭

岡田《おかだ》　弘《ひろし》
東京聖栄大学教授

鈴木《すずき》　教夫《のりお》
埼玉県春日部市立宝珠花小学校教諭

高野《たかの》　利雄《としお》
東京・私立中学高校スクールカウンセラー
教師学上級インストラクター

生井《なまい》　修《おさむ》
元公立中学校長

和井田《わいだ》　節子《せつこ》
名古屋女子大学准教授

齊藤《さいとう》　優《まさる》
千葉市立轟町中学校教諭
学校心理士　上級教育カウンセラー

堀川《ほりかわ》　真理《まり》
新潟市立高志中等教育学校教諭
学校心理士

井上《いのうえ》　千代《ちよ》
愛媛県西予市立三瓶小学校養護教諭（初版時）

三好《みよし》　敦子《あつこ》
愛媛県西予市立三瓶小学校教諭（初版時）

相談活動に生かせる15の心理技法

2004年7月20日　初版発行
2009年10月10日　第4版発行

編　者——月刊学校教育相談編集部
発行者——兼弘　陽子
発行所——ほんの森出版株式会社
〒145-0062 東京都大田区北千束 3-16-11
電話　03-5754-3346
http://www.honnomori.co.jp

印刷・製本——研友社印刷株式会社

 ISBN978-4-938874-43-8　C3037